고려대
명강사

최고위과정 16기

# 고려대 명강사

## 최고위과정 16기

**1판 1쇄 펴낸날** 2022년 12월 20일

**지은이** 강숙, 김경숙, 김나린, 김상희, 김석건, 남궁숙, 이상진, 이언영,
이연주, 이영만, 장현황(춘희), 최상원, 최정미
**펴낸이** 나성원
**펴낸곳** 나비의활주로

**책임편집** 김정웅
**디자인** BIG WAVE

**주소** 서울시 성북구 아리랑로19길 86, 203-505
**전화** 070-7643-7272
**팩스** 02-6499-0595
**전자우편** butterflyrun@naver.com
**출판등록** 제2010-000138호
**상표등록** 제40-1362154호
**ISBN** 979-11-90865-84-5 03320

고려대학교 평생교육원 명강사 25시

# 고려대 명강사

## 최고위과정 16기

강숙, 김경숙, 김나린, 김상희, 김석건, 남궁숙, 이상진,
이언영, 이연주, 이영만, 장현황(춘희), 최상원, 최정미 지음

나비의 활주로

## 추천사

### 신창호 고려대학교 평생교육원장

벌써 코로나19 팬데믹 사태가 3년이 되어가고 있습니다. 그럼에도 불구하고 제16기 고려대명강사최고위과정을 무사히 마무리하게 되어 기쁨과 즐거움이 두 배입니다. 매 기수가 뜻을 모아 『명강사 25시』라는 귀한 책을 출판해왔듯이, 이번에도 어김없이 저서를 출간한 것에 대해 축하의 마음을 전합니다.

2022년 9월부터 시작하여 총 17주간 진행된 명강사최고위과정을 통하여, 모든 분들이 명강사에 상응하는 역량과 책임감 및 사명감을 지닌 고위급 지도자로 거듭 탄생하였습니다. 그런 만큼 본 과정을 수료한 분들은 강의의 본질과 기술을 이해하고 실전에서 실천하는 명강사의 이름에 어울리는 지도자로 인생을 한층 도약시켜 성숙도를 더했습니다.

이번 저서는 코로나 시대를 극복하며 사회 변화를 꿰뚫어 보려는 명강사들의 열정, 도전, 희망이 그 어느 때보다 진지하게 담겨 있습니다. 수많은 독자들이 다양한 삶 속에서 자신의 가치를 찾아내는 명강사의 자세와 사람을 감동시키는 명강사의 요건을 이 책을 통해 제고할 수 있기를 소망합니다. 다시 한 번 『명강사 25시』 출간을 축하드리며, 더욱 성공하는 삶을 빛어나가시길 기대합니다.

2022. 12

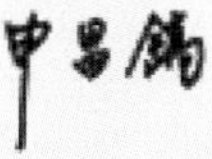

## 이영만

사시사철 언제 어디서나 피는 꽃이 있습니다. 바로 웃음꽃입니다. 나는 오늘 하루 몇 번이나 웃었을까? 아이들은 하루 400번 웃는다고 합니다. 그런데 성인들은 고작 15번 정도밖에 웃지 않는다고 합니다. 웃음 대신 치열한 경쟁과 갈등, 풀어야만 할 고민거리, 가슴을 짓누르는 삶의 무게 속에서 우리는 많은 웃음을 빼앗겼습니다.

코로나19가  발생하고 엔데믹 신호가 있을 즈음 2022년 9월, 우리는 고려대명강사과정 16기 코로나 4학번으로 만났습니다. 우리의 인연은 우연이었지만 과정 중 우리는 서로 많은 노력으로 마치 필연 같은 만남으로 과정을 이수했습니다. 그중 공저 책 쓰기는 서로의 노력과 열정, 나 돌아보기, 약속 지킴과 배려의 산물이었습니다.

미국 경제사회학자 마크 그라노베터Mark Granovetter가 발표한 논문 「약한 유대관계의 힘 The Strength of Weak Ties」에 있는 말을 인용합니다. 사람들의 인간관계는 소수와 이루어진 '강한 연결'과 다수와 연결된 '약한 연결'로 나누어진다 했습니다. 그런데 의외로 다수의 약한 연결이 기회와 정보, 양질의 삶을 살 수 있는 도움을 준다고 발표했습니다. 소수의 강한 연결은 살아온 환경과 많은 것들이 유사하지만, 다수의 약한 연결은 다름 속에서 서로 양질의 도움을 줄 수 있기 때문이

지요. 이것은 마치 현 우리 고려대명강사최고위과정 16기의 이야기인 것 같습니다.

각기 다른 지역에서, 사회의 다른 부문에서, 열심히 최선을 다해 살아오신 고려대명강사최고위과정 16기, 13명의 원우님들은 한 분 한 분 보석 같은 만남이었습니다. 각 분야에서 최고를 달려 왔고 능력이 탁월한 원우들이지만 똘똘 뭉쳐 끈끈하고 정이 넘치는 16기가 되었습니다. 김석건, 남궁숙 수석부회장님과 원우 한 사람 한 사람, 정말 가족같이 소중하고 귀한 만남이었습니다.

우리의 만남이 과정을 수료하고도 서로에게 도움을 주고 받는 영원한 인연으로 이어지도록 노력합시다. 이번 우리의 공저는 13명의 삶의 때가 묻은 책입니다. 소중한 13명의 공저 책이 많은 사람들에게 귀감이 되는 좋은 책으로 거듭나기를 바랍니다. 공저 출판을 위해 직극 지도해 주신 조영순 공저강사님, 이언영 공저부회장님, 이상진 공저위원장님, 김경숙 공저위원장님께 깊은 감사를 드립니다. 끝으로 서일정 대표강사님, 남정희 강사님께도 감사 말씀을 드립니다.

"행복한 사람이 웃는 것이 아니라 웃는 사람이 행복하다."

하루에 고작 15번 웃는 성인이 되지 말고, 하루에 400번이나 웃는 아이들이처럼 행복한 16기가 되기를 응원합니다. 인생은 스스로 디자인해 가고 훈련하며 만들어지는 것이라고 생각합니다. 웃음으로 행복한 16기의 인연을 디자인해 갑시다.

이영만

CONTENTS

## PART 1 10평 매장에서 100억 매출까지의 성공 스토리

### 강숙



## PART 2 CHANGE는 CHANCE다 - 꿈을 잊지 말아야 기회가 온다

### 김경숙



## PART 3 생활 속에서 만들어가는 아름다운 세상 - 실천하는 사회복지

### 김나린

## PART 7 들려줄게, 건강 이야기

### 이상진



## PART 8 나의 인생을 스타일링 한다는 것은

### 이언영



## PART 9 어쩌다 N잡러가 된 이주사

### 이연주

PART 1

# 10평 매장에서 100억 매출까지의 성공 스토리

# 강숙

**Mobile**
010-6659-8453
**Email**
kangsook1123@hanmail.net

## 학력 및 경력사항

- 예일 여자실업고등학교 졸업
- 명지대학교 사회교육원 유아교육학과 졸업
- 학점은행제 사회복지학과정 이수
- 고려대 명강사 최고위과정 16기 홍보위원장
- 새롬 어린이집 교사
- 전) 미유분식 대표
- 전) 강성은 명과 평창동점 대표
- 현) 서울쿠키컴퍼니 대표

## 강의 분야

- 동기부여
- 자기소통개발
- 소통
- 여성 CEO
- 창업

## 자격 사항

- 사회복지사 2급(보건복지부장관)
- 요양보호사(서울시장)
- 리더십지도사 1급
- 스피치지도사 1급
- 인성교육지도사 1급
- 부모교육상담 1급
- 기업교육강사 1급
- 평생교육강사 1급
- 명강의 명강사 1급

01

# 프롤로그

7011 버스를 기다리는 이 시간은 언제나 설렌다. 음~ 콧노래마저 나온다. 햇살마저 따사롭다. 오전 9시 20분, 대부분의 직장인이 출근하고 난 이 시간에 난 여유로운 출근을 하고 있다.

분홍색 민소매 원피스에 남색 카디건을 걸친 나는 마치 22살의 아리따운 아가씨인 양 콧노래를 부르며 가벼운 발걸음을 옮긴다. 서교동 411-19번지 강성은 명과 LAB. 아직도 실감이 안 난다. 고소한 버터 냄새, 달콤한 설탕 향기, 찐~한 땅콩 냄새가 나를 반겨준다.

스위치를 켜고 진열장의 모든 전원을 켠다. 컴퓨터를 부팅시킨 후, 멜론에서 음악을 재생한다. 설거지 소리, 전화벨 소리, 도로변의 자동차 경적 등의 소음이 아닌 잔잔한 음악이 좋다. 커피를 한 잔 타고 밖을 바라보며 아빠가 사준 내 의자에 앉는다. 휴… 극도의 안정감이 몰려온다. 평안함이라는 것이 이런 것일까? 얼마 만에 느껴보는 여유인지 모르겠다.

우선 혼자라는 게 좋고, 전화벨이 울리지 않는 게 좋다. 재촉하는 이도 없다. 각종 음식 냄새가 섞여나지도 않는다. 여기가 바로 천국인 것 같다.

"어서 오세요~" 젊은이들이 쏟아져 다니는 홍대 거리에 우리 과자가 판매될지 궁금했다. 결과는 성공적이었다. "와~~~!! 매장이 너무 예뻐요~" 이런 핫한 곳에 이런 매장이 있을 거라곤 상상을 못 했어요. "우리 엄마가 이 과자 진짜 좋아하는데~" "자기야~!! 이 과자 기억나? 나 옛날에 아빠가 퇴근할 때 이거 많이 사다 주셨었어~ 이거 좀 사서 아빠 가져다드려야겠다."

매장을 들어오시는 분들은 다들 기분이 업되는 것 같았다. 덩달아 기분이 좋아지고 신이 난다. 불과 1달 전까지만 해도 고객이 들어오면 인상부터 썼었다. "아… 하고 싶은 일하니까 이렇게 달라지는 거구나…." 고객을 반가워하고 고객과 웃으면서 대화하는 나 자신이 새삼 낯설게 느껴진다.

얼마 전까지는 고객을 좀비쯤으로 생각했었다. 너무나도 고된 식당 생활…. 살기 위해서 어쩔 수 없이 선택한 길이었다. 지치고 힘들다… 좀 쉬고 싶다. 그렇다고 놀고 싶지는 않다. 좀 편하게 돈을 벌 수 있는 일은 없을까? 남들이랑 똑같은 것을 해서는 안 될 것 같고 틈새시장을 노려야 하는데 몇 년간 일하면서 지속해서 생각했던 거였지만 좀처럼 떠오르지 않았다.

아빠가 하시는 옛날 과자를 소분해서 판매하는 추억의 과자가게. 옛날 과자? 점점 없어져 갈 이 시장에 도전해보는 것이 괜찮을 것 같다는 생각이 들었다. 아빠처럼 소분만 해서는 되지 않을 것 같고 직접 만들어서 판매해야 승산이 있을 것 같은데…. 아버지께 이런 생각을 말씀드리자, 아버지는 기술자분께 옛날 생과자 만드는 걸 전수받으신 후 나에게 알려주셨다.

과자가게를 해야겠다고 생각한 이유는 딱 한 가지였다. 지금 생각해보면 좀 창피하긴 하지만 단 하나의 이유, 1년에 40일 정도 매장 문을 닫는 게 너무 좋아 보여서였다. 10달 반을 열심히 일하고 여름에는 매일 놀 생각을 하니 이보다 좋은 건 없을 것 같아서 더 끌렸던 것 같다. 어디에 매장을 여는 게 좋을까? 이제 식당을 접고 과자가게를 해야겠다.

난 주위 사람들에게 과자가게를 할 거라고 이야기했다. 옛날 과자? 사람들은 나를 비웃었던 것 같다. 식당에 물건을 대 주셨던 분들은 지금 잘되는 이 식당을 왜 그만하냐고 물었다. "하고 싶은 게 생겼으니까 이제 식당은 안 해요~"라고 말하고 과자가게를 찾으러 나섰다. 동생과 같이 시작해보기로 하고 매장을 보러 다녔다.

얼마 후, 동생 친구도 합류하게 되었다. 상호를 뭐라고 해야 할지 고민이 많았다. 우리나라에서 제일가는 명과가 되어야겠다는 생각과 아빠가 하고 계신 것에서 시작되었다는 것 그리고 아빠의 이름을 남기고 싶은 생각에 '강성은 명과'라고 정하게 된다.

매장을 찾는 고객은 점점 늘었고, 나는 아침 일찍부터 밤늦게까지 과자를 만들었다. 그렇게 입소문이 조금씩 나기 시작할 즈음 현대백화점으로부터 입점 제안을 받았다.

백화점에 들어오라고? 옛날 과자를 백화점에서 팔게 해준다고? 너무나 설레고 기분이 좋았다. 일을 적게 하고 싶어서 좀 쉬려고 시작한 과자가게였지만, 일하면서 점점 흥미로워지면서 빠져들기 시작했다. 이왕 하는 거 제대로 한번 해 봐야겠다는 마음이 생겼다.

백화점에서 판매하려면 제조장이 있어야 한다. 평창동에 30평의 작은 매장 겸 제조공장을 개업하게 된다. 서교동에 강성은 명과를 오픈한 지 1년 만에 백화점에도 매장이 생겼다. 재밌고 흥미로웠다. 앞으로 어떻게 키워갈 수 있을지 걱정도 앞서지만 나는 젊으니까. 한번 미쳐서 일해야겠다는 생각이 밀려온다.

내년이면 강성은 명과는 오픈한 지 10년이 된다. 입점 제안을 받고 한없이 기쁘기만 했던 행복했던 기억도 있었지만, 직원들의 급여를 주기가 힘들어 남몰래 눈물을 훔쳤었던 일들, 시즌에만 판매되는 한정적인 상품에 다른 상품을 개발해야만 했던 일…. 되돌아보면 어떻게 버틸 수 있었을까? 의문이 든다.

젊음의 패기와 열정으로 시작했던 강성은 명과를 10년 만에 구멍가게에서 100억 매출의 소기업으로 성장시킬 수 있었던 비결을 몇 가지로 정리해보려고 한다.

02

# 상품의 차별화 –
# 옛날 과자를 명품 과자로

백화점에 입점하게 될 때 가장 중요하게 생각한 것은 상품성이었다. 어디서나 먹을 수 있는 길거리에 파는 옛날 과자의 느낌이면 안 된다.

고객의 눈에 띄게 하려면 무엇이 필요한지를 생각해봤다. 시장에서 파는 옛날 과자 느낌이 들면 안 되니까 더 고급스럽게 더 좋은 재료를 써야 한다는 판단을 내렸다.

우선, 재료를 바꾸어야겠다고 생각했다. 백화점에서 판매를 시작하게 된 이상 명품으로 가는 게 맞는다는 생각이 들었다. 미국산 밀가루를 국산 밀가루로 바꾸고 마가린을 버터로 바꾸는 등 들어가는 재료를 건강한 재료로 바꾸었다. 과자도 견과류를 전체에 뿌려 과자의 단맛을 최소화하고 견과류의 건강하고 고소한 맛을 느껴지게 하는 데 집중했다. '땅콩이 와다닥', '피칸이 와다닥', '깨 기둥'은 당시 초등학교 2학년이었던 아들 정호가 과자를 보면서 생각해낸 이름이다. 명품 과자이니 고급스러운 디자인으로 가는 게 맞는다고 판단해 선물 세트 패키지도 제작을 의뢰하여 맞추었다.

드디어, 백화점에 입점하게 되었다.

2014년 9월, 백화점에서 맞게 되는 첫 추석 명절 행사다. 우리의 행사 자리는 어디일까? 궁금했다. 한과와 진과 사이에 우리 행사 매대가 깔리게 되었다. 명절의 대표 간식인 한과 옆에서 우리 과자가 판매될 수 있을까? 결과는 가히 성공적이었다. 생각지도 못했던 대량 판매에 명절 전날까지 하루에 20시간을 과자를 만들어 판매했다. 명절이 다가올수록 체력은 급속도로 떨어져 상품을 포장하다가 잠든 날도 있었다.

이듬해, 다른 백화점들에서도 입점 제안이 들어왔고, 우리는 매장 수를 점점 늘려나갔다. 한해, 두 해가 지날수록 우리 제품을 찾았던 고객들은 재구매를 해주셨고, 지금까지도 이어가고 있는 곳이 많다. 처음에는 한과 매출의 반에도 미치지 못했던 우리 명과가 이제는 한과와 동등한 매출로 당당하게 메인 자리를 지키고 있다.

03

# 현재 자기 일에 미쳐라, 미치면 성공한다

사람들은 너무나 쉽게 포기를 한다. 할 만큼 했다고 이야기하면서 말이다. 난 지금 이 순간에도 궁금하다. 자신의 매장이나 직책을 내려놓는 순간이 올 때 진심으로 최선을 다했다고 생각했는지 말이다. 최선을 다했다는 건 돌이켜 봤을 때 더 이상의 후회가 없을 때와 만약 되돌아간다고 해도 같은 선택을 할 것이라고 생각할 때라고 생각한다.

백화점에서 우리 명과를 알리는 건 쉽지 않은 일이었다. 명절에 판매가 급등할 때를 대비해서 우리 과자를 고객에게 알려야겠다고 판단했다. 백화점에서 직접 과자를 구워 시식 행사를 겸해 판매하는 팝업 행사를 하기로 했다. 팝업 행사는 보통 1주일이다. 행사가 잡힐 때마다 새벽까지 세팅하고 아침 일찍부터 백화점으로 출근해 과자를 만들어 고객에게 판매했다.

드셔보신 분들이 다시 방문해주시는 게 신이 났다. 시식을 하지 않는 분께 드셔보시라고 반 사정하면서 판매했던 일도 많았다. 새벽까지 세팅한 후, 아침 일찍부터 백화점 마감 시간까지 일하고 나면 다리가 후들거려서 집으로 갈 땐 다리를 끌면서 퇴근했던 기억이 난다. 몸은 힘들고 고되었지만, 우리 브랜드를 세상에 알린다는 기쁨에 힘든 줄도 몰랐다. 행사를 할 땐 행사장으로, 생산할 땐 생산부로, 포장할 땐 포장실로 몸이 두 개로 쪼개질 수만 있다면 참 좋을 텐데…. 시즌에만 매출이 오르는 회사를 운영하다 보니 직원을 무조건 채용할 수도 없는 노릇이고 마음 맞춰 함께하는 직원들과 눈코 뜰 새 없이 일에 파묻혀 살았다. "대표님은 일 중독자예요." 몇 년간 아등바등 살다 보니 일하고 있어야만 마음이 편안해지는 증상도 나타났다.

주말이 힘들었다. 주말이면 매장을 돌아보면서 다른 브랜드에는 어떤 상품이 개발되고 있는지 살펴보았다. 그래야만 하루가 편안하게 느껴졌다. 매장을 다 돌아본 날에는 포장 재료의 스티커라도 붙여야 마음이 편하니, 이것도 병은 병인 것 같았다.

매일 새벽에 나가서 밤늦게 들어오는 나를 보면서 3학년이었던 아들 정호가 했던 말도 기억이 난다. "엄마, 제발 아무것도 안 해도 좋으니까 소파에 누워만 있어도 좋으니까 종일 나랑 같이 있어요. 어디 나가지 말고." 지금의 내 아들 정호는 엄마가 하는 일을 자랑스럽다고 얘기하고 좋아하지만, 어린 시절 정호에게는 한없이 미안한 마음뿐이다.

04

# 인복은 타고나는 건가?

현재 우리 회사에 고용된 직원은 정규직 직원만 80여 명이다. 처음 시작할 때는 3명이 전부였지만 이제는 생산부를 기점으로 물류, 영업, 기획, 디자인 등등 3백 이상의 직원과 동고동락한다.

2004년, 광화문에서 김밥집으로 내 사업을 처음 시작했을 때, 그때 함께 일했던 직원 2명은 생산 현장의 중추 역할을 하는 기둥이 되었다. 그때부터 함께한 세월이 어느덧 18년이다. 18년을 함께 일하다 보니 서로의 눈빛만 봐도 소통이 되는 그런 사이가 되었다.

5년 전 생산부의 알바생으로 들어왔던 강 팀장은 생산부의 품질과 효율에 큰 역할을 해주고 있다. 5년 전 해법이 무엇인지도 몰랐던 우리 회사는 현재 양주시에서 품질로 우수회사로 선정이 될 만큼 완벽한 품질관리를 하고 있다. 어느 곳에서 오데트가 나와도 당당한 품질관리를 하는 생산부가 대견스럽다.

중국 유학생으로 방학 때마다 한국에 들어와 행사했던 알바생은 현재 영업파트의 파트장이다. 2년 넘게 방학마다 들어와서 알바했는데 너무 성실하게 최선을 다해서 근무해 주었고, 회사의 힘든 상황이 있었을 때 명절 판매를 돕겠다며 중국에서 학기 중에 나와 명절 행사를 하고 돌아간 적도 있었다. 워낙에 열정적으로 판매를 하는 친구인지라 매출은 상당히 잘 나왔고 무엇보다 그 마음에 너무나 큰 감동을 하였었다. 이듬해, 졸업을 하기 전 우린 중국으로 건너가 그 친구를 우리 회사로 스카우트했다. 영업팀이 없던 시절, 이 친구는 맨땅에 헤딩하는 자세로 한 곳 한 곳을 찾아가 직접 영업했고 회사 발전에 큰 역할을 했다.

3년 전, 대량 주문으로 한 달을 밤낮없이 종종거리며 납품 준비를 하고 있을 때였다. 당시 물류 직원은 1명이었는데, 너무 많은 주문에 멘붕이 온 건지 점심시간에 도저히 못 할 것 같다고 말하고 갑자기 퇴사했다. 물류 직원이 없는 상황에서 내가 물류를 맡아 모든 것을 포장하고 출하해야 하는 상황이 벌어졌다. 인력사무소에서 일용직 근로자 8명이 오고 함께 일하던 직원 1명과 일을 분담하면서 진행했을 때 기적적으로 2명의 물류 직원이 채용되었다. 그때 채용된 두 분은 현재 물류 팀장님과 과장님으로 근무하고 계신다.

3년 전, 0명에서 2명으로 시작했던 물류 팀은 현재 8명의 직원이 근무하고 있다. 아무런 인수인계 없이 맨땅에서 시작된 물류 팀은 현재 완벽에 가까운 막강 물류 팀이 되었다. 모든 부서 이야기를 다 담을 수 없어 아쉬움이 남는다.

이처럼 다 같이 한뜻으로 근무하는 보물 같은 우리 직원들이 사랑스럽다.

우리 회사가 정말 인복이 많은 것일까? 몇 해 전 아는 지인이 나에게 했던 말이 생각난다. "참 인복이 많은 사람인 것 같다."라고. 그러면서 인복을 만들어가는 사람인 것 같기도 하다고 했다. 처음 회사에 입사하면 여느 회사처럼 일하던 직원들도 시간이 지나면 지날수록 부서를 생각하고 회사를 생각한다. 각 팀의 부서장들이 자기 역할을 확실하게 하고 있으니 다른 직원도 회사 분위기에 맞춰가게 된다고 생각한다. 회사의 모든 부서가 한마음 한뜻으로 근무하니 회사가 지속 성장할 수밖에 없는 것 같다.

05

# 도전하지 않으면 퇴보될 수밖에

## 직접 공장 공사까지 하는 열정으로 넘긴 위기

회사를 운영하면서 모든 것이 도전이었던 것 같다. 너무나 소자본으로 시작한 회사는 2~3년에 한 번씩 이사할 수밖에 없었다.

매 순간이 도전이었지만 가장 크게 도전을 한 건 양주 본사 매입이었던 것 같다. 예전에는 제조공장의 해썹(HACCP:식품 안전관리 인증 기준) 관리가 의무가 아니었다. 회사가 조금 자리를 잡을 때쯤 또 한 번의 도전을 할 수밖에 없게 된다. 1년 후부터는 해썹 인증을 받지 못한 공장에서 생산되는 상품은 판매를 못 한다는 것이었다. 까마득했다.

욕심 같아서는 공장을 매입하고 싶었지만, 회사의 형편은 절대 넉넉하지 않았다. 1년을 하고 사업을 접을 게 아니면 서둘러야 한다. 우리는 공장을 찾기 시작했다. 남양주, 파주 등등 몇 달에 걸쳐 보고 또 보았다. 상황적으로만 봤을 때는 임대를 하는 게 형편에 맞았다. 하지만 아무리 생각해도 불안했다.

매매를 해야 한다고 판단했다. 많지 않은 돈으로 갈 수 있는 곳을 알아보고, 은행과 기금 등 공장을 매입할 수 있는 조건을 갖추기 시작했다. 공장을 찾기 시작한 지 두어 달 우리는 장흥에 있는 공장을 매입했다. 400평, 연면적 300평의 아담한 공장이다. 이제 우리 공장이 생겼으니 시설을 갖추고 영업에 힘을 써야 한다. 생각보다 많은 자금이 들어가는 제조시설공사비를 줄이기 위해 우리는 1, 3층은 직접 공사를 하기로 했다. 최소한의 비용으로 최대한의 효과를 보려 우리는 팔을 걷고 직접 공사에 나섰다.

## 찾아가는 서비스로 매출 극복

2020년, 온 세계가 코로나19로 인해 엉망이 되어가고 있었다. 백화점이라고 예외는 아니었다. 납품하는 곳에서의 발주도 없어졌다. 큰일이다. 당장 직원들의 급여가 걱정되었다. 직원들의 급여가 불안하면 안 된다고 판단하고 우선 자금을 모으는 데 힘을 쏟았다. 지금까지도 잘해왔다. '이 고비만 넘기면 된다!'라는 마음으로 매출 올릴 수 있는 곳을 찾았다. 트레이더스!!! 트레이더스에 행사 제안을 했다. 트레이더스에서는 명절 시즌에만 행사를 진행했었는데, 단품 행사를 해보겠다고 제안했다. 그러면서 와플도 직접 만들어 판매해보겠다고 제안했다.

우리의 3번째 브랜드인 와플 샵의 와플과 강성은 명과의 단품 행사가 시작되었다. 결과는 성공적이었다. 코로나로 집에만 있게 된 사람들은 조금이라도 저렴하게 구매하기 위해 비교적 저렴한 대량 구매를 하러 트레이더스를 많이 찾는 것 같았다.

'죽으란 법은 없는 거구나….' 코로나로 납품처의 매출이 낮아진 것을 우리는 찾아가는 행사로 극복했고, 전년 대비 100% 넘게 성장했다. 와플 샵은 행사에서 고정 매장 입점으로 점점 자리를 잡아갔다.

용산역사, 수원 에이케이, 롯데백화점 동탄점 등 좋은 위치의 매장에서 제안이 들어왔고 현재도 성황리에 운영 중이다. 코로나로 좌절할 뻔했던 시절, 행사를 선택해 회사를 더욱 성장시킨 우리 직원들의 노고에 감사를 표한다.

## 가슴 뛰는 새로운 브랜드 '캔디미' 인수

'캔디미'는 약 5년 전, 현대백화점 무역센터점에서 처음 접했던 캔디 브랜드이다. 손으로 직접 만드는 수제 캔디였는데, 알록달록하고 너무나 예쁘고 신기했다. 직접 만드는 장면을 보려고 30여 분간 그 앞을 서성였지만, 만드는 걸 직접 볼 수는 없었다. 시간만 허락한다면 조금 더 기다렸다가 만드는 걸 직접 보고 싶었지만, 다음 일정이 있어 이동해야 했었다. 너무나 인상적인 브랜드여서 뇌리에 박혔었다. 우리 회사에도 저렇게 알록달록한 귀여운 브랜드가 있으면 너무 좋을 텐데…. 그리고 약 2년 후, 롯데 본점 우리 매장 옆에 캔디미가 입점하였다. 반가웠다.

나는 백화점에 들를 때 종종 캔디미를 사 먹고 새로운 게 있는지 확인하곤 했다. 아쉽게도 롯데 본점에서는 판매만 가능해서 직접 만드는 건 볼 수 없었다. 매장을 둘러보고 회사로 들어오는 길에 캔디미라는 회사의 매출은 얼마인지가 궁금해졌다. 확인한 후, 난 진심 깜짝 놀랐다. 우리 회사보다 매출이 높았다. '아… 저 회사 갖고 싶다.' 돌아오는 길에 이런저런 상상을 하면서 캔디 회사를 인수하는 그림을 그려봤다.

2020년, 코로나로 모든 회사가 어려움을 겪을 때 바이어를 통해 전화 한 통을 받게 된다. 캔디미가 사업을 접는다는 것이었다. 캔디미는 여성 대표님이 운영하고 계셨는데 홍콩으로 이민하시면서 사업을 접게 되었다고 했다. 난 가슴이 뛰기 시작했다.

캔디미를 인수해야겠나는 생각밖에 들지 않았다. 우리는 캔디미 대표님 연락처를 받은 후, 직접 만나게 되었다. 여러 가지 인수 조건을 말씀하셨다. 사실 코로나 시기에 우리 회사 형편에 다른 브랜드를 인수한다는 건 현실적으로 말도 안 되는 일이었다. 회사가 정상 궤도에 오른 것도 아니고 간신히 버텨가면서 운영하고 있는데, 인수를 하는 게 가능한 일일까? 어쨌든 캔디미 대표님을 다시 만나야겠다는 생각과 인수를 하여야겠다는 생각에 무조건 방배동으로 향했다.

우여곡절 끝에 우리는 2020년 5월 1일부로 캔디미를 인수하게 되었다. 그뿐만 아니라 캔디미에서 근무했던 3명의 직원도 우리 회사에 합류하게 되었다. 캔디미 인수 후 카카오프렌즈와 라이선스 계약을 하게 되었다. 카카오프렌즈와 라이선스 계약 후, 우리는 유튜브를 통해 수제 캔디를 알리기 시작했다. 워크맨에서 연락이 왔다. 수제 캔디 만드는 알바하는 것을 촬영하고 싶다고 했다. 어찌 이런 좋은 일이 있단 말인가? 워크맨 이후 캔디 매출은 급격히 오르기 시작했다. 현재 캔디 매출은 우리 회사 매출의 20% 이상을 지켜주고 있다.

이번 연도 10월 1일, 우리는 캔디 공장 이전했다. 기존 캔디 공장에서의 생산량으로는 확장을 할 수 없었기에 다시 한번 도전했다.

06

# 목표와 기준은 높게!!!

누구에게나 목표는 있다고 생각한다. '나의 목표는 어디까지일까?'라는 생각을 가끔 해 본다.

사실 난 처음부터 높은 목표를 갖고 있지는 않았다. 작게 내가 하고 싶은 일을 하면서 쉴 때 쉬면서 좀 루즈한 생활을 하려고 시작한 일이었는데, 어찌어찌하다 보니 여기까지 왔다. 회사를 키우면서 많은 후회도 했다. 처음부터 회사를 크게 성장시킬 마음으로 목표를 높게 가졌었더라면 지금보다는 좀 더 빠른 성장을 하지 않았을까? 하는 후회 말이다.

같이 일하는 직원들과 의견을 모으고 회사를 키우면서 처음에 너무 소극적으로 진행했었던 것들에 후회가 들었다. 앞을 너무나 짧게 본 탓인지 우리 회사는 2~3년에 한 번씩 회사를 옮겨야만 했다. 확장하면 얼마 지나지 않아 또 비좁아지니 확장을 안 할 수도 없었다. 3번 정도 이사를 하다 보니 후회가 밀려왔다. 좀 더 크게 보고 임했어야 하는데…. 전기 공사와 이사비 등으로 공중 부양된 금액만도 꽤 크다.

지금의 목표는 예전과는 또 달라졌다. 목표를 이루게 되면 더 큰 목표가 생기기 마련이다. 지금까지는 디저트로만 회사를 키워왔다. 어느 정도 회사가 안정화된 지금의 시점에서 기업으로 성장시키려면 베이커리로만은 한계가 있음을 다시금 느끼게 된다.

디저트 회사를 하면서 브랜드를 만들어 가는 일은 즐겁고 재미나다. 하지만 영역에 한계가 있다는 점을 지속적으로 생각하게 된다.

앞으로의 목표는 음식과 미용이다. 음식 같은 경우는, 예전의 고된 식당 생활로 식당은 쳐다보기 싫다고 아예 생각조차 열지 않았던 영역이다. 내가 직접 일을 하고 운영했을 때와 달리 지금까지 회사에서 배워온 노하우로 디저트가 아닌 새로운 영역에도 도전해 보려고 한다.

어떤 이들은 하는 것이나 잘 하라고 말할 수 있다. 하지만 난 그렇게 생각하지 않는다. 성공하는 사람은 어떤 것을 해도 성공한다고 생각한다. 성공은 마인드에서 결정이 된다고 생각하기 때문이다.

새로운 사업에 도전해 보기 위해서 오늘도 난 새로운 영역을 생각하고 배운다.

PART
2

# CHANGE는 CHANCE다

–

## 꿈을 잊지 말아야
## 기회가 온다

# 김경숙

아호: 송호(松虎)
**Email**
fldk007@hanmail.net


## 학력 및 경력사항

- 식품영양학과/ 보건행정학과
- 'Rosalynn Cater' 케어기빙GSW(조지아사우스웨스턴) 수료
- 고려대 명강사 16기 공저, 교육위원장
- 한양대학원 마케팅 전문 인력 GMP과정
- 영양사(기업체, 병원 근무)
- 학원 강사
- 한국문인협회, 화요문학, 카톨릭 문인협회
- 현)보떼상뜨 대표

## 자격 사항

- 영양사면허증(보건복지부장관1984)
- 미술 심리 치료사 1급, 청소년생활지도사
- 문학 해설사 2급, 명강의 명강사 1급
- 인성교육 지도사 1급, 부모교육 상담 1급
- 평생교육 강사 1급, 기업교육 강사 1급
- 노인교육 강사 1급, 스피치지도사 1급
- 리더십지도사 1급

## 수상 경력

- 시장 표창장 2회
- 시 부문 한울신인문학상
- 전국시화전 금상
- 한울서정 문학 대상
- 2022 가곡 '내어 준 계절' 작사 당선-영아츠컴퍼니

## 저서

- 명강사 25시(공저)
- 한국시인 대표작 1
- 하늘빛 풍경
- 내 가슴이 너를 부를 때 등

01

# 아이의 꿈을 키우자

## 아이의 꿈은 부모가 만든다

요즘 젊은이들은 결혼을 하지 않으려고 한다. 특히 우리나라 통계청에 따르면 "올해는 출산율이 0.7명대로 하락"이 될 것이라고 한다. OECD 38개국의 2019년 합계출산율 평균이 1.61명인 것을 감안하면 절반 수준이다. 부모는 태교 때부터 자녀를 위해 온갖 것을 다 해 주고 싶어 한다. 그러나 무조건적인 희생이 아니라, 올바른 가치관을 지니도록 많이 사랑하면서 바른 심성을 배우게 하는 것이 중요하다. 아이가 다른 사람을 존중하면서 자신을 사랑할 줄 알아야 자존감도 더 높아지고 밝은 미래를 그릴 수 있다. 태교와 어린 시절 교육은 그래서 더욱 중요하다.

## 꿈은 태교부터 시작이다

첫아이 임신 때부터 나는 출산 직전까지 지금은 상상하기도 힘든 어려운 환경에서 지냈다. 하지만 어려운 주거환경이 내게는 그리 중요하지 않았다. 나에게는 밝은 내일을 그릴 수 있는 긍정적인 에너지가 더 강했기에 흔들림 없이 태교에 힘쓸 수 있었다. 친정아버지께서 외국에서 일하실 때 사다 주신 S카세트 라디오로 다양한 클래식 음악을 밤낮으로 들으며 마음의 평온을 유지하였다. 화창한 날이면 가끔은 산에 올라가 풍경화도 그려 보고, 조용히 바둑 책이며 외국어 공부도 하면서 시간을 보냈다. 가끔 일본어 기초 공부도 해 보고, 예쁜 꽃들이 가득한 십자수로 책상과 의자 커버를 만들어 보기도 하였다. 비가 오는 날이면 온종일 화선지에 사군자를 그리면서 난도 쳐 보고, 매화와 국화, 대나무도 먹물로 범벅을 하면서 그려 보았다. 그리고 매일 저녁이면 퇴근한 남편과 함께 묵상과 감사의 묵주 기도도 잊지 않았다. 심하지는 않았지만 약하고 길게 입덧을 하여 음식은 가려서 먹었다. 주로 입에 맞는 음식은 밤과 호두, 곶감과 누룽지 그리고 조미료가 들어가지 않은 음식이었고 가끔은 고기를 먹곤 했다. 가공식품은 가까이 하지도 할 수도 없었다.

## 세 살까지 교육이 중요하다

아이가 태어난 그날부터 매일 아침마다 "Good morning"으로 인사를 했는데 신기하게도 한 달이 지나면서 "Good morning" 인사에 방긋 웃어주는 아기 모습이 그저 신기하고 놀라웠다. 남편이 퇴근해서 올 때까지 아이를 안고 매일 노래도 불러 주고 천자문이며 사물 그림,

한글과 영어 기초, 숫자 등을 벽지 위에 붙여 놓고 하루에도 수십 번씩 읽어 주었다. 6개월이 지날 무렵 "꽃이 어디 있어" 노래를 부르자 손가락으로 콕 집는 것을 보고 말을 다 알아 듣는 것을 알게 되어 더 다양하게, 더 열심히 읽어 주며 노래를 불렀다. 그래서일까 아이는 두 돌이 되기 전 17개월에 말을 하기 시작할 무렵부터 글자를 알아보아 신기했었다.

출생 때부터 만 3세까지 다양한 감각 활동 놀이를 집에서 많이 해 주었다. 동요를 많이 들려주고 감촉 놀이도 많이 해 주었다. 온 집안은 아이의 놀이터가 되고, 남편이 오는 시간에 맞추어 방 안을 정리했다. 작은 캔에 조와 쌀과 콩 등 다양한 것들을 따로따로 넣어 소리 구분 놀이도 해 주고, 밀가루에 식용유를 넣고 시금치, 당근 등 각종 야채 국물로 반죽하여 색깔별로 구분하여 주무르는 감촉 놀이와 색깔 놀이도 하고, 함께 찢기 놀이며 붙이기 놀이도 하면서 안방 벽면은 아이의 놀이터가 되었다. 어릴 때부터 TV는 AFKN을 틀어 놓고 놀았다. 동요를 따라 부르기 시작할 때부터는 음정과 박자를 수십 번씩 반복하고, 입 모양을 보여주면서 정확하게 가르쳐 주었다. 이렇게 만 3세까지는 오로지 아이와 함께 아이를 위한 시간으로 하루를 보냈다.

## 어린 시절 부모의 역할

특히 아이가 걷기 시작하면서는 놀이터에서 모래 놀이를 많이 했고. 장마가 길어질 때에는 나갈 수 없어 방 한가운데 커다란 비닐을

깔고 모래와 물을 부어 놓고 놀이를 했다. 일찍 글을 깨우친 덕분에 세 살이 지나서는 스스로 책을 읽고 궁금한 것은 자주 물어보았는데, 아이가 질문할 때는 하던 일을 무조건 멈추고 아이 질문에 대답하고 모르는 것은 백과사전을 찾아 답변해 주었다. 책 읽기를 좋아해서인지 잠들기 전에는 책을 안고 자는 습관이 있었고, 조금 커서는 조립식 장난감에 흥미를 가져서 저렴하고 다양한 종류의 조립식 장난감을 많이 사 주었다. 처음에는 조립할 때 일주일 넘게 걸리던 것이 나중에는 하루에 한 개씩 조립하기 시작하여 문방구가 닳도록 다녔다. 저렴하고 복잡한 것을 골라가면서 사 주었다.

걷기 시작한 후 유치원 때까지는 틈날 때마다 간식을 챙겨서 종로서점이나 교보 문고에 가서 보고 싶은 책을 실컷 보도록 풀어 놓고 집에 올 때는 갖고 싶은 책 한 권씩 사 주었다. 박물관, 미술관, 고궁, 명동거리를 데리고 다니며 다양한 경험을 시켜주었고, 매주 공원을 데리고 다니면서 계절의 변화를 느끼게 했다.

한번은 명동 성당 앞 레코드 가게를 지나고 있었는데 베토벤의 교향곡 5번 "운명"이 나오고 있었다. 그 순간 걸어가던 뽕뽕이 신발이 갑자기 멈추고 아이가 손을 마구 휘저으며 꼼짝도 안 하는 바람에 무작정 끝날 때까지 기다려 줬었다. 아이가 신기했는지 지나가던 많은 사람들이 관심을 보이며 박수까지 쳐 주었었다. 아마도 아이는 배 속에서 그 음악을 들었던 기억이 났던 모양이다.

## 희망은 있다

큰아이가 초등학교에 입학할 무렵 시어머니께서 갑자기 중풍으로 쓰러지시고 치매까지 오는 바람에 난리가 아니었다. 밤새 기어 다니시면서 집 안 곳곳에 대소변을 다 묻혀 종일 집 청소에 지치는 날이면 큰아이는 학교 갔다 오자마자 백일 된 동생 우유를 먼저 챙기고, 앉은뱅이 의자에 올라서서 설거지를 도와주었다. 8년 동안 중풍과 치매로 고생하시는 시어머니를 모시면서 특히 힘에 부쳐 주저앉고 싶은 날이면 어김없이 큰아이가 상장을 들고 와 지친 나를 한 방에 위로하며 일으켜 세워 주곤 했다. 그래서인지 8년 동안 시어머니는 욕창도 생기지 않았고 나도 긍정적인 마인드를 유지할 수 있었다. 결국 기억을 다 잃어버리신 시어머니는 나를 '엄마'라고 불렀는데, 신기하게도 모든 기억이 사라져 아무도 못 알아보면서도 며느리 이름은 기억해 주었다. 누가 물어보아도 정확하게 내 이름 석 자를 죽는 그 순간까지도 잊지 않아 감동의 큰 선물을 안겨 주고 가셨다.

## 멘사 회원이 된 아이

큰아이 덕분에 작은아이는 무럭무럭 잘 자랐다. 작은아들은 성격이 밝고 독립심도 강하고 혼자서 무엇이든 해결하려는 능력이 탁월했는데 특히 어릴 적부터 인사성이 밝아서 아파트 주민들이 모르는 사람이 없을 정도였다. 둘째의 인사성에 아파트 부녀 회장직까지 맡게 되었다. 그렇게 아이들은 고맙게도 나에게는 최고의 희망이 되어 주었다.

늘 최선을 다하는 큰아이는 고등학교 때 IQ 검사에서 측정 불가(고등학교 1학년 기준 최고인 164)로 '멘사 회원'이 되었고, 성인이 되어 인터넷으로 검사했을 때는 최고 247까지 나왔다. 둘째는 초등학교 때 가장 존경하는 인물을 '우리 형'이라고 써 선생님을 놀라게 했다. 동생과 6살 차이가 나는 큰아이는 어릴 적에는 동생을 많이 도와주었고, 사춘기가 되어서는 동생을 친구처럼 대등한 관계로 바라보면서 대화를 많이 했다. 서로 이해해 주고, 존중해 주면서 자라다 보니 지금도 두 아이는 친구처럼 각별하다. 무엇보다 자기관리를 잘하는 모습들이 그저 고맙고 대견하다.

"부모는 자식의 거울이다."라는 나의 좌우명처럼 어떤 처지에서든 감사하면서 아이들에게 올바른 모습을 보여주려고 지금도 열심히 살고 있다. 특히 '세 살 버릇 여든까지 간다'는 말도 있듯이 세 살 때까지 온 정성을 다하여 부모가 올바르고 행복한 모습으로 살아간다면, 아이는 자기의 꿈도 잘 찾을 것이고 자기가 원하는 분야에서 최고로 우뚝 서게 될 것이다.

*"삶이 있는 한 희망은 있다."*

*- 키케로*

02

# Change는 Chance다

## 바라기 사랑

부모님의 사랑에 발끝도 못 되는 게 자식이다. 자식은 사는 게 바쁘다고 안부 인사를 잊어도 부모님은 가슴 졸이며 자식이 밥은 먹고 다니는 건지, 어디 아프지는 않은지 먼저 물어보는 바라기 사랑을 한다. 간단한 음식이나 선물 하나 챙겨 드리는 날이면 고마운 인사는 하늘을 찌른다. 창문 틈에 비친 햇살에 가쁜 숨 토해내며 몸을 일으켜 또다시 자식 걱정으로 가득했던 나의 사랑 울 엄마가 이제는 계시지 않는다. 국민학교 때 올 백을 받고 오는 날이면 커다란 빵을 만들어 주셨던 엄마. 6학년 때 동네 부잣집 아주머니가 쌀 한 가마 집에 두고 가시면서 과외를 부탁하던 날도, 과학 대회 준비로 학교에서 늦게 오던 날도 엄마는 늘 맛있는 음식으로 나를 칭찬해 주셨다. 어렸을 때부터 엄마는 언니이자 친구 같은 존재였다.

아버지는 우리 6남매 공부시키려고 머나먼 사우디아라비아, 숨쉬기조차 힘든 곳에서 피와 땀으로 일하셨다. 10년 동안 눈물겨운 부모님의 희생으로 우리 6남매는 잘 자랐고, 그런 부모님께 오래 효도하려는데 모두 떠나셨다. 이 세상에서 가장 존경하던 아버지가 돌아가시고, 3년 만인 2021년 겨울에 엄마도 하얀 눈꽃송이처럼 살포시 하늘하늘 가셨다. 항상 응원해 주시던 사랑스러운 엄마가 햇살 타고 어랑어랑 떠나시던 날, 하늘은 눈부시게 화려했다.

## CHANGE는 CHANCE다

변화는 변화로 끝나는 게 아니라 또 다른 기회가 될 수 있음을 우리는 잘 안다. 나에게도 그랬다. 엄마의 빈 자리를 글로 메우고 있었을

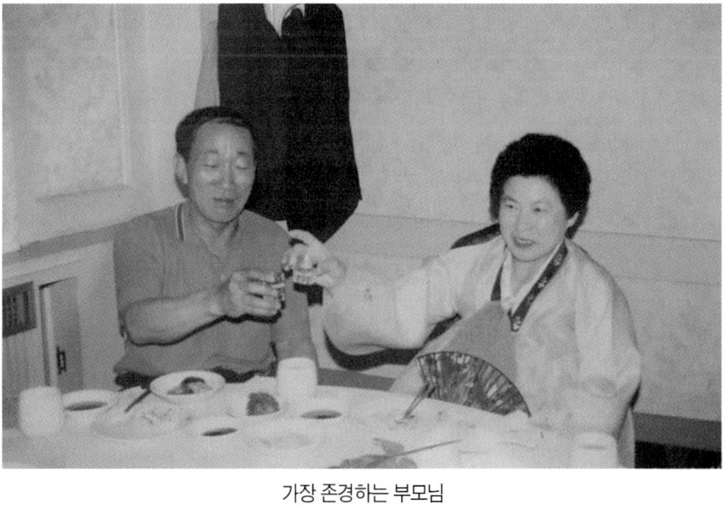

가장 존경하는 부모님

때 ‘노랫말 가사’에 당선되어, 내가 쓴 ‘내어 준 계절’이라는 시가 이화여대 작곡과 조사방 교수님의 작곡으로 가곡으로 탄생해 평촌 아트홀에서 첫선을 보였을 때의 감동을 아직도 잊을 수가 없다. 시를 좋아하셨던 엄마가 함께 보았으면 얼마나 좋았을까 하는 아쉬움이 큰 하루였지만 우리나라 ‘코텍터’를 90% 이상 개발한 존경하는 남편과 요즘 세상에 보기 드문, 가슴 따뜻한 마음이 흘러넘치는 아들과 며느리들, 둘도 없는 친구가 나의 허전한 마음을 꽉 채워 주었다.

03

# 꿈은 이루어질까요?

**꿈은 꿈을 꾸는 자에게 이루어지고, 포기하지 않으면 반드시 이루어진다**

큰아이가 수능 보던 날, 아직도 잊을 수가 없다. 처음 경험해보는 것들은 늘 서툴기 마련인가 보다. 원하는 점수에 미치지 못한 큰아이가 재도전을 하고 있을 때, 나도 마음 밭을 가꾸며 글과 함께 씨름하다가 시가 터지기 시작하여, 그해 시 부문 신인 문학상을 받으며 시인으로 등단하게 되었다. 꿈을 포기하지 않으면 언젠가는 이루어지는 것 같다. 중학교 때부터 시를 쓰고 싶었는데 산문과 수필에서만 머물렀다. 긍정적인 마인드와 도전정신으로 아무리 어려운 상황이라도 포기하지 않으면 빛을 안겨 주는가 보다. 결국 큰아이도 다시 도전해 우리나라 최고라 하는 SKY대를 고맙게도 4년 내내 등록금 없이 다녔고 지금은 대기업에서 바이오 연구를 하고 있다.

변화가 누구에게는 두려움과 위기가 될 수도 있지만 찬스로 만들어지기도 한다. 위기로 남을 것이지, 찬스로 만들 것인지는 오로지 자신만이 할 몫이라 생각한다. 엄마가 위대할 수 있었던 것은 자식이 있었기 때문이다. 나의 그릇을 종지 그릇으로 만들지 큰 그릇으로 만들지는 오로지 자신만이 선택할 수 있다.

## 도전은 끝이 없다

얼마 전에는 법의 대중화 및 법문화 증진을 목적으로 '시민 로스쿨'에 입학하여 임채원 부장검사님의 특강, 오영근 한국사법교육원 원장님 특강, 황철규 교수님의 형사사법 특강, 이영근 교수님의 교정교화와 범죄 예방 특강, 김구슬 교수님의 형사법의 이해, 이국희 교수님의 '보호 관찰의 이론과 실제' 강의와 전 한양대학교 법학전문대학원 겸임교수로 계셨던 이승헌 교수님의 특강, 이창기 교수님의 세법의 이론과 실제 등을 배웠다. 이 모든 것을 주관해 주신 한국사법교육원 경기 중부 김사녀 지원장님의 자기개발과 의사소통을 배우면서 꿈을 더 크게 키워야 함을 깨닫게 되었다.

*"꿈을 계속 간직하고 있으면 반드시 실현할 때가 온다."*

*-괴테*

04

# 위기에서도 기회를 잡은 정약용

**18년 유배생활에서 500여 편의 책이 나올 수 있었던 것은 함께 공부했던 천재 학자들이 있었다**

코로나 전 안양시에서 미래인재육성 장학재단 주관으로 "스토리텔러 육성 공모"에 응시하여 '문학 해설사' 양성 과정을 이수하게 되었는데 그때 나는 '정약용 편'을 준비했었다. 그 과정에서 정약용의 가족과 주변 인물들이 역모가 아님에도 대부분 사형, 귀양 또는 노비로 전락해 유례없는 국가 폭력의 피해자가 되었던 역사적 사실을 알게 되었다.

**사도 세자가 죽던 해 운명처럼**

임금은 하늘이고, 신분의 격차와 남녀의 구분이 심했던 조선에서 '인간은 평등하다'고 하는 서학은 최고의 젊은 학자들에게 신선한 학문으로 받아들여졌다.

사도 세자가 죽던 해, 임오년에 운명처럼 행정학, 정치학, 법학, 철학, 과학에서부터 경제와 의술까지 높은 수준으로 익힌 조선 역사상 손꼽히는 천재 학자 다산 정약용이 경기도 광주의 '마재' 지금의 남양주시 '조안면 능내리'에서 태어난다.

무과 출신인 그의 장인 홍보화도 정조 즉위 직후 홍국영과의 관계 때문에 유배 형에 처해지고, 이기경은 다산의 인생에서 가장 큰 원수가 된다. 그는 정약용이 빌려주어 이승훈이 전달해 준 책을 읽고 공격적인 자세로 돌아선다. 이 천주교 서적 즉 서학이 고조부 이경상이 모신 소현 세자 집안에 전해지면서 자연스레 이를 접한 약현의 처남 이벽은 다산에게 서학을 알려준다. 당시 (이산) 정조는 성리학이 바로 서면 서양에서 들어온 서학인 천주학은 저절로 소멸한다는 논리를 펴고 있었다.

## 정조의 혜안이 대단하다

정조는 노론 벽파의 의구심을 제거하기 위해 의도적인 시험을 통해 정약용의 뛰어난 능력을 공개적으로 보임으로써 남인이기 때문에 중용한 것이 아님을 알린다. 정조는 다산을 혹독하게 시험하며 중용한다. 남인의 종주인 퇴계와 서인의 종주인 율곡 둘 중 남인인 다산 정약용은 "율곡도 옳다."라고 하여 남인 유생들에게 비방을 받기도 했었다.

정약용이 빛날 수밖에 없었던 이유가 있다면, 이 천재 학자들이 주변에 있었기에 가능하다는 것을 알게 되었다.

이런 방대한 책이 탄생하기까지 당시 남인의 영수(지금의 정당의 총재)였던 '채제공', 희대의 천재였던 '이가환', '이벽' 그리고 정약용 형인 '정약종'과 '정약전'이 역사의 뒤안길에 있었다.

## 통찰력이 대단한 정약전

정약전은 영화로도 나온 『자산어보』를 쓴 인물이다. 정약전은 조선의 유학자이면서 생물학자이며 한국 최초의 어류 학자였는데, 그의 통찰력은 대단했다.

정조는 "형이 아우보다 낫다."라고 했다. 아우인 정약용이 높은 관직에서 활동하긴 했으나, 그의 형인 정약전의 학문적 지식이 다산 정약용보다 월등하다는 것을 알게 된다. 정약전은 정조 때 문과에 급제하였지만 1801년 신유박해에 연루되어 흑산도에 유배를 가게 되고 거기에서 우리나라 최초 해양학인 『자산어보』를 남기게 된다.

특히 그는 흑산도에서 민중과 삶을 교류하며 실학을 실천하였는데, 『자산어보』를 통해 조선의 해양학을 정리하며 민중에 섞이고자 하였다. 책에는 어류, 조개류, 해조류 등의 특징과 상태를 백과사전처럼 매우 섬세하게 적어 놓았고 특히 고래 등은 비늘이 없는 동물이라 하여 '경어'로 따로 구분해 놓은 것 등은 참으로 대단하고 놀라울 따름이다.

유배지인 강진의 다산 정약용이 경전 속의 성인들과 교류했다면 흑산도의 정약전은 현실 속의 어부나 천민들과 교류했다. 아득한 어둠이란 의미의 흑산(黑山)이 무서워서 동일한 의미의 자산(玆山)이라 고쳐 표기한 것도 손암(巽菴) 정약전이다. 그는 국가의 소나무 정책을 금지에서 식목으로 바꿀 것을『송정사의』를 통해 제안했는데, 이는 나라와 백성을 걱정하는 사랑의 책으로 결코 잊어서는 안 된다. 송정사의(松政私議)를 글자 그대로 풀이하면 '소나무 정책에 관한 개인 의견'이라는 뜻인데, 이 책은 당시 백성을 질곡에 빠뜨린 대표적 민폐 중 하나인 소나무 벌목 금지 정책에 대한 현실적인 제안을 담고 있다.

## 많은 이들이 추종한 '이벽'

이벽은 18세기 천재 학자로 31세에 짧은 생을 마감했는데 정약용이 가장 추종했던 분이다. 정약용뿐만 아니라 정약전, 이가환, 이승훈, 권일신 모두 이벽을 추종했다.

정조가 중용에 관한 질문 70조목을 선비들에게 숙제로 내 준 적이 있었는데, 정약용의 답안을 보고 필시 특출한 학식을 가진 선비가 도움을 준 것이 분명하다고 했다. 그도 그럴 것이 그는 조선후기의 문신이자 실학자이며 저술가이면서 철학, 과학, 공학, 시 등 어느 하나라도 빠지는 게 없었고 인품 또한 좋아 많은 이들이 추종했다고 전해진다.

정약용과는 8세 차이로, 삼촌이나 큰형뻘의 사돈 관계였는데 정약용의 학식과 사상의 근원을 캐보면 이벽과의 관계가 깊다는 것을 알

수 있다. 정약용은 자신이 쓴 글, 특히 '이벽의 묘지명(墓誌銘)'에서 자신은 이벽을 추종했고, 형 정약전도 아주 일찍부터 추종했으며, 권일신은 열성적으로 추종했고, 이가환 역시 이벽을 추종했다고 기록하고 있다.

강진에 유배돼 있을 때 정약용은 『중용강의(中庸講義)』를 보충하면서 떠난 이벽을 사모해 "나에게는 비교가 안 될 만큼 출중한 덕행과 해박한 지식이 있던 이벽이 세상에 떠났으니 이제 누구에게 물어보랴. 책을 어루만지며 눈물을 금할 수 없구나!" 하고 그리워했다고 한다. 강진에서의 18년 귀양살이를 끝내고 1818년 고향 마재에 돌아온 정약용은 우선 젊었을 때 이벽과 함께 자주 찾았던 천진암(天眞菴)에가 "30여 년 만에 다시 찾아오니, 천진암은 이미 다 허물어져 옛 모습이 전혀 없구나." 하며 추억을 더듬었다고 한다.

## 상재상서를 저술한 '정하상' 성인

정하상은 정약종의 아들이자 정약용의 조카로, 최초 한글 교리서를 저술하고 1984년에 공자, 맹자처럼 '성인'품에 오른다.

정순왕후가 남인들을 숙청하기 위해 천주교인을 박해한 사건인 신유박해 때 주문모 중국 신부가 순교하자 정하상은 유진길의 도움으로 교황 레오 2세에게 서신을 보내어 우리나라가 신부는 없지만 교황청 직속으로 독립된 전교지로 지정을 받게 해 달라고 하여 세계 최고 스스로 신앙이 생긴 유일한 나라가 된다. 또한 한국에서 처음으로 헌종

2년 때 김대건, 최양업, 최장제를 선발하여 외국으로 보내게 된다. 우리나라 최초 신부인 김대건 신부를 탄생하게 만든다. 정하상 성인은 체포 직전에 『상재상서』를 저술하고 순교한다.

## 재주가 뛰어난 이승훈

이승훈은 남인 학자의 가문에서 어려서부터 재주가 뛰어나 20세 전후에 고명한 학자들과 교류하였고, 정조 4년에 진사가 되어 성균관에 들어간다. 처음에는 서학을 연구하다가 점차 깨달음에 이르러 실천학으로 받아들여 세계에서 최초로 민족적 자진 귀의의 특사로서 북경에 가서 세례를 받고 한양에 올 때 책과 묵주를 갖고 온다.

이승훈은 이벽, 이가환 그리고 3형제인 정약종, 정약용, 정약전과 함께 미사와 상론을 한글로 번역하여 나누어 주었다. 이후 정조의 죽음과 동시에 남인들을 숙청하려는 명목으로 천주교인을 모두 잡아서 학살하는 신유박해가 일어나는데 그해 1801년 이승훈은 서대문 형장에서 처형을 당한다. 이승훈의 후손 중 우리가 잘 알고 있는 사람이 있는데, 바로 '남수단의 슈바이처!'로 알려져 영화 "울지마 톤즈"의 주인공이 된, 의사이며 신부인 이태석이다.

## 이가환의 기억력

정헌 이가환의 기억력은 고금에 뛰어났다고 한다. 한 번 보기만 해도 절대 잊지 않다가 우연히 자극만 받으면 술술 외워 주변 사람들을 감동시켰다고 전해지고 있다. 구경(九經), 사서(四書), 23사(二十三史)에서 제자백가의 시, 부, 잡문초서는 물론이고 패관, 상역, 산율학, 우의마무(소의 병을 고치는 수의사와 말의 병을 고치는 사람) 그리고 악성종양이나 치질 치료 등에 이르기까지 무릇 글자로 된 것은 한번 건드리기만 하면 물 쏟아지듯 막힌 데가 없었다. 그뿐만 아니라 모두 정밀히 연구하고 파고들어 전문적인 지식을 쌓았기에 질문한 사람마다 깜짝 놀라서 귀신이 아닌가 의심할 정도로 모르는 것이 없었다고 한다.

특히 이가환 묘지명에 정약용은 "귀신이 아닌가, 의심할 정도로 막힘이 없었다. 나는 그저 눈만 껌벅거릴 뿐이다."라고 썼다.

한번은 정조가 이가환을 불러 테스트까지 했다고 한다. 좌우로는 당시 난다 긴다 하는 학자들을 대동한 채, 정조는 서양 문물에서부터 주변 잡기까지 그동안 궁금했던 점을 총망라하여 질문을 했는데 이가환은 막힘이 없었다고 한다. 질문이 끝난 정조는 "어이, 도승지 자네가 질문을 해 보아라."라고 하였다고 한다. 후에 이가환이 형조판서까지 오른 걸 보면 그의 재능을 정조가 높이 산 까닭으로 봐야겠다.

이가환의 작은 할아버지가 바로 『성호사설』을 저술한 그 유명한 성호 이익이다. 『성호사설』은 평소 제자들과 문답을 나누었던 천문, 지리, 역사, 제도, 군사, 풍속, 문학 등 넓고 깊은 학식을 집대성한 실학의 대저술이다. 노론의 세력하에 능력 하나로 형조판서가 된 것이 바로 이가환이다. 당시로 보자면, 진보세력 인사가 법무부 장관이 된 셈이니 정조의 인사가 참으로 대단하게 느껴진다. 남인으로 안정복과

정약용, 권철신 등과 가까이 지내며 새로운 학문을 연구하다가 조카 이승훈이 북경에서 천주 서적을 가지고 오자 흥미를 느끼고 이벽과 함께 번역하고 연구한다. 입교는 하지 않았는데도 1795년 청나라 '주문모' 입국 사건으로 형조판서에서 좌천되어 1801년 신유박해 때 이승훈과 함께 체포되어 순교하게 된다.

문장과 필법에도 뛰어났고 천문학과 수학에도 정통하였는데 그는 "이 나라 수학의 맥이 끊어지겠구나!"라는 말을 남기고 죽었다고 한다.

*"꿈을 꿀 수 있다면 꿈을 실현할 수도 있다."*

*- 월트 디즈니*

우리가 처한 상황이 아무리 힘들고 어려워도 꿈은 잊지 말아야 기회가 오고 꿈이 이루어진다. 정약용이 유배 시절을 인생 한탄의 시간으로 보냈다면, 오늘날 이 많은 책들을 우리가 구경이나 할 수 있었을까? 배움의 체계를 이룰 만큼의 왕성한 저술 활동을 통해 노론의 탄압에 대한 보상이라도 하듯 전념한 시간은 그가 꿈을 계속 간직하고 있었기 때문에 실현할 수 있었던 것이다. 우리는 자신을 잃어버리지 않게 부단하게 노력하며 꿈을 찾아야 한다.

## 참고 문헌


- 나무 위키백과
- 다산 유적지, 실학 박물관
- 다산 보정산방
- 이덕일, 『정약용과 그의 형제들』
- 경기신문, 2002. 09. 송정사의 찾다
- 문화재청, 월간 문화재사랑
- 김상홍, 『다산학의 신조명』, 단국대학교 출판부, 2009.
- 이문원, 『한국현대교육사상연구』, 한국정신문화연구원, 1982.
- 임무영, 『다산의 실학적 교육연구』, 건국대학교 석사학위논문, 1989.
- 강만길, 『한국근대사』, 창작과 비평사, 1984.
- 신천식, 『한국민족사』, 형설출판사, 1995.
- 조동걸 외, 『한국의 역사가와 역사학 (상)』, 창작과비평사, 1994.
- 권태욱, 「다산 정약용의 음악사상 연구」, 영남대학교 박사학위논문, 2000.

PART 3

# 생활 속에서 만들어가는 아름다운 세상

—

## 실천하는 사회복지

**Mobile**
010-5580-8041
**Email**
kimhj5580@naver.com


# 김나린

## 학력 및 경력사항

- 숭실대학교 복지경영학 학사
- 아주대학교 경영학 석사
- 칼빈대학교 일반대학원 심리상담학 석사
- 서울사회복지대학원대학교 사회복지학 석사
- 칼빈대학교 일반대학원 사회복지학 박사
- (비)한국복지문화협회 부이사장
- 사단법인 장애인소울터보호작업장 운영위원장
- (복)무지개동산 예가원 자문위원
- 서울 사회복지대학원대학교 평생교육원 칼빈대, 명지대 겸임교수
- SE 사이버평생교육원 사회복지실습 지도교수
- 누리사이버평생교육원 운영교수

## 강의분야

- 사회복지학, 교육학, 심리학, 인문사회
- 동기부여, 자기계발, 소통

## 자격 사항

- 사회복지사 1급, 평생교육사 2급, 직업상담사 2급
- 유통관리사 2급, 요양보호사 2급, 한국어교원 2급
- 공인중개사, 전산세무회계 2급

## 수상 경력

- 한국B.B.S청소년경기도연맹 표창장
- 국제라이온스협회 효행상
- 경기도청소년지도자대상위원회 문화교육대상
- 아주대학교대학원 공로상
- 사회복지대학원대학교 공로상
- 칼빈대학교대학원 모범상, 성적 최우수상
- 국회외교통일위원회 사회봉사 대상
- 한국청소년신문 제7회 모범청소년지도자상 표창장

## 저서

- 명강사 25시(공저)

01

# 프롤로그

48세 나이에 마음은 아직도 10대 같은 순수함을 지닌 사회복지학 박사이다. 이른 결혼을 하여 22살이라는 꽃다운 나이에 철없는 엄마로 살아왔건만 하나님과 양쪽 부모님의 보살핌 아래 착한 딸들은 속 한 번 안 썩이고 잘 커 주었다. 부모님과 주님의 은혜가 아닌가 싶다.

더러 일찍 결혼한 동창들을 보면 육아와 가사에 전념하느라 자기의 꿈을 접고 평범한 주부로 살아가는 게 흔한 일인데 나는 그렇지 않았다. 공부에 대한 그리움도 있고, 하고 싶고 배우고 싶은 취미활동도 많은 꿈 많은 소녀 같은 주부였다. 그래서 나는 남편 일을 도우며 주위의 시선도 아랑곳하지 않고 나의 꿈을 향해 주야로 공부를 하였으며 밤새우는 일도 많았었다.

그런 세월이 어느덧 20년 넘게 흘러 지금은 사회복지학 박사이다. 겸임 교수와 사회복지실습 지도 교수를 겸하면서 사회복지 관련 분야의 교육자로 활약하고 있다. 물론 가장 큰 수입원은 남편과 함께 가업으로 일하고 있는 유리 칸막이 전문 시공업체 사업이다. 나는 회사 대표로 행정 총괄 관리를 하고, 남편은 실무 총괄 이사이다.

사회복지 관련 일을 하다 보니 교수 수업으로 받는 월급보다 고아원, 장애인협회, 다문화협회 등에 후원하는 기부금이 더 많을 때도 있다. 깐깐하면서도 정이 많고 인간미 넘치는 남편 덕분에 불평불만 없이 잘 후원하고 봉사하고 있다.

앞으로 꿈은 심리학 박사를 졸업하고 알콜중독/자살/우울증/대인기피증/성폭행/트라우마/부부 상담 등 가난하고 불행한 이웃들에게 무료 상담 봉사를 많이 하고 싶다. 상담은 워낙 어려운 학문이고 공부 분야가 광범위하다 보니 학비가 많이 들고, 그래서 실제로 심리상담 전문가들의 상담 수임료도 비쌀 수밖에 없는 게 현실이다. 특히 중산층의 우울증 및 기타 심리상담은 수임료 부담이 덜한 경우가 많아 상담이 종종 이루어지는 편인데, 저소득층과 가난한 이웃들은 상담을 하고 싶어도 상담료 자체가 부담스러워 국비 지원이 아닌 이상은 간단한 무료 상담 외에는 제대로 된 상담 치료를 받을 수가 없다.

나 역시 이 사실을 잘 알고 있는 터여서 끝까지 학문과 실무에 증진하여 어려운 이웃들에게 많은 도움을 주고자 나의 작은 제3의 인생을 설계하는 중이다.

02

# 사회복지학 교수가 되기까지

사회복지 2급을 따서 요양기관에서 가정 방문 사회복지사로 일하면 근무 시간도 괜찮고 업무도 편하다며 권유를 받았다. 십 년 전, 당시 나는 전산 재무 쪽에서 근무하고 있었는데 일이 지겨웠고 나이 40줄에 뭔가 새로운 일을 해 보고 싶은 욕심도 있었다.

나중에 창업에 관한 관심도 있었는데, 단호하게 결정을 못한 채 직장생활에 무료함을 느끼며 새로운 인생을 준비하려고 주말마다 요리학원을 근 5년 가까이 다녔다. 꾸준히 한 덕에 한식, 양식, 중식까지 합격할 수 있었다. 하지만 제일 어렵다던 일식 자격증만 눈앞에 두고 시간상 학원을 못 다니게 되었는데, 사회복지 2급 자격증이 인터넷으로 1년 공부하면 된다는 엄마의 말씀이 기억났었다. 이렇게 가벼운 마음으로 공부를 시작한 것이 기회가 되어 어느덧 10년 가까이 세월이 지났다.

처음에 호기심으로 시작한 사회복지사 2급 자격증은 '복지'에 대한 생각을 깊게 할 수 있는 계기가 되었고, 봉사의 기쁨과 이타심의 마음을 새삼 일깨울 수 있게 되었다. 간간이 하던 고아원과 노인급식 봉사일을 시작으로 본격적으로 봉사의 삶을 사는 새로운 인생의 전환점을 맞이하는 계기가 되었다. 그리하여 몸소 실천할 뿐만 아니라 지식을 활용한 재능 기부 봉사까지 하며 살자는 욕심에 공부에 빠져들어 주말에는 봉사하러 다니고 주경야독(晝耕夜讀)으로 공부를 시작하였다. 열심히 공부한 덕에 사회복지학 석사와 박사, 사회복지사 1급 자격증과 직업상담사 2급 자격증도 취득하여 현재 사회복지사로서 기관에서 열심히 일도 하고 있다.

내가 열심히 공부에 매진하는 동안 다행히 남편은 나에게 큰 힘이 되는 존재였다. 시간이 될 때마다 나는 남편이 운영하는 칸막이 공사 사업에 재무회계와 여러 가지 행정적 업무를 도맡아 남편에 대한 고마움을 표현했다. 너무나 감사하게도 사업은 별다른 어려움 없이 잘되어 지금까지 내가 공부하고, 여러 곳에 봉사하며 사는 삶에 많은 힘이 되고 있다.

'봉사란 원래 가진 자만이 할 수 있는 선행이지 않나?' 하고 생각했었는데, 내 주변을 둘러보면 가진 자들보다도 오히려 없는 자들이나 평범하게 사는 내 이웃들이 더 많은 봉사와 나눔을 실천하는 것을 보면서 새삼 느낀다. 물질도 중요하지만 봉사는 마음이 더 선행되어야 한다는 것을, 물질이 핵심이 아니라 정성이 핵심이라는 것을 알 수 있게 되었다.

1년 중 연말에나 한번 선물을 주면서 거창한 사진이나 찍는 '생색내기식'의 봉사는 하지 말아야 한다. 그런 봉사보다는 가난한 이웃에게 조그만 음식이라도 자주 나눠주고 돌봐주는 선한 이들의 봉사가 훨씬 더 와닿는다.

나는 고아원과 장애인 보호 작업장 등 고정적으로 봉사하고 있는 곳뿐 아니라 요즘에는 재능 기부 등으로 사회복지단체에 고문 역할을 하며 기부금 모금에 많은 노력을 기울이고 있다. 돈이라는 것이 주머니 열기가 쉽지 않아 늘 모으기가 힘든 부분인데, 정기적으로 자선 행사 및 일일 찻집, 모금행사 등 많은 이벤트와 아이디어로 무궁무진하게 애쓰는 중이다.

여러 단체에서 그 공로를 높이 사주셔서 봉사상, 청소년 지도자상, 표창장 등 여러 상도 받을 수 있었다. 원래 성경 말씀에 "오른손이 하는 일을 왼손이 모르게 하라."라고 했건만 이렇게 생색내도록 여러 상까지 받으니 부끄럽기도 하다. 더 열심히 하라는 뜻으로 받아들이고 더 진심을 담아 봉사를 하려고 한다.

요즘 나는 어렵게 박사 학위를 마치고 사회복지 관련 강의와 현장 실습으로 바쁜 나날을 보내고 있다. 여러 나라의 사회복지 현장도 벤치마킹하러 다니면서 우리나라의 의료 체계 및 사회복지가 다른 나라에 비해 얼마나 우수한지도 알 수 있게 되고, 고마움도 느낄 수 있었다. 반대로 다른 나라에 비해 부족한 부분이나 보완해야 할 부분은 아쉽고 안타깝기도 하였다.

복지는 곧 입법, 행정 부분이라 정부의 주된 역할 아래 민간 협동이 이루어져야 되는 분야로 국가의 역할론에 학자로서 많은 통찰과 비감을 느낀다. 그래도 힘을 얻을 수 있는 점은 복지란 곧 우리의 삶이고 인간의 삶의 질이므로 점점 나아지고 개선되고 있다는 점이다. 또한 이 사회를 살아가는 현대인의 한 사람으로서, 사회복지학 학자로서 아직 부족한 복지의 미비점들이 앞으로 수정 보완되고 개선되어질 것을 믿어 의심치 않는다.

오늘도 나는 사회복지학 학자로서 그 확신과 믿음으로 학생들에게 교육하고 있고, 몸과 마음으로 봉사와 실습 지도를 하고 있다. 이 생활이 늘 바쁘고 피곤하지만 나는 묵묵히 그리고 즐거운 마음으로 살아가려고 한다.

03

# 내가 생각하는 '공부'는?

## 공부

하기도 지겹고
안 하면 심심하고

배움이란 친구는 앎의 기쁨을 주고
배움이란 친구는 삶의 활력소가 되고
배움이란 친구는 과정이 다양해 돈도 많이 드네.

숙제 다 끝내고 술 마시면 술맛이 꿀맛이고
숙제 미루고 그냥 자버리면 자면서도 짜증 나고

학교에서 워크샵 가면 동심이라 즐겁고
모임에서 워크샵 가면 사람 알아 가느라 조심하고

시험 끝나고 파티하면 흥에 겨워 신나고
자격증 따고 파티하면 술 사느라 정신없고

나이트클럽 갔다가 피곤하면 세상이 허무하고
수업 갔다가 피곤하면 내 자신이 대견하네.

인생은 만학도(晩學徒)
늙어 죽을 때까지 공부하세.
그래야 우울증도 치매도 꼼짝을 못 한다네.

04

# 만학의 버팀목 내 남편

## 천연기념물 내 남편 변종호(광수)

까무잡잡한 피부에 곱슬머리 남편
이마는 톡 튀어나온 짱구에
입술은 기집애 마냥 도톰하고
눈은 짙은 쌍꺼풀에 눈빛이 빛나는 게
평소에는 영리한 총기가 가득하고
화나면 살기가 가득하니
무섭다 해야 될지 귀엽다 해야 될지
답을 못 찾겠네.

사업가라 카리스마는 강하고

머리 회전도 빠른 게
영리하고 명석하도다.
자기관리가 철저하여 절제와 함께
술을 가릴 줄 알고
항상 일이 우선이라는 마음가짐으로
긴장을 늦추지 않고 흐트러짐이 없네.
업무에 있어서는 기술이 탁월하여
자부심과 함께 승부욕이 강하고
철저한 업무 처리로 공사가 일사불란하니
실수가 없고 능력이 뛰어나도다.

가격도 잘 후려치니 알뜰함도 겸비하고
기술이 뛰어나고 사업 마인드가 남달라
어딜 가도 일로서 져 본 적이 없으니
견적만 넣으면 고객 신뢰도가 100%다.

깐깐하고 차가울 듯한 얼굴에
눈웃음만 띠면 아기천사가 따로 없고
입 꾹 다물고 눈을 부라리면
사나워도 사나워도
그리 무서운 무서운 얼굴이 없다네.

이보소 여보야
52살 그 나이에 복 더 받고 살라면
눈가 입가에 미소 잔뜩 띠고 사시유
싸납쟁이 얼굴 해 봐야 복만 달아난다네.

희한한 게 한 가지!
어머님 닮으면 정이 없고 차가울 텐데
화낼 때는 딱 어머니 성격이라
근데 누굴 닮았을꼬?
그리 정이 많고 따사롭다요…

이타심에 앞뒤 두서없이
내가 누구 도와주자고 부탁하면
머리가 영리해 얼른 이해하고
자기가 더 뛰어난 아이디어로
도와줄 구체적 대안들이 다 나오니
난 만사 걱정이 없다네
가슴은 넓고 뜨겁고 머리는 총명하니
난 애교만 부리고 넘어가도 반은 해결된다네.

이런 서방 봤수?

구하기 힘들쥬?

나도 그리 생각하오.

05

# 촉법소년

서울 살던 나는 서울 근교 작은 아파트를 분양받아 이사를 온 적이 있다. 분양을 받을 당시 전철이 집 앞에 인접하고 교통편이 편리한 것이 이점이었는데, 서울이었지만 노후한 주택만 살았던 나로서는 이번 기회가 아니고는 새집에 살 기회가 없을 것 같아 서울에서 30분 거리의 아파트를 분양을 받아 이듬해에 입주하게 되었다.

입주하고 얼마 지나 딸아이는 근처 초등학교로 입학을 하게 되었고 이후 학부모들과 만남을 통해 동네 주변 소소한 이야기들을 접할 수 있었다. 평온한 일상을 이어가던 중 아파트 내 놀이터 근처에서 술 냄새가 풍기는 한 아빠가 초등학교 5학년쯤으로 보이는 아들을 막무가내로 때리며 죽이겠다는 말을 서슴없이 하고 있었다. 놀라서 잠시 지켜본 나는 아이의 아빠를 말리고 진정시켜 아이를 때리는 이유를 좀 더 알아보았다.

이유인즉슨 아이 아빠는 아내와 이혼을 하고 홀로 홀어머니와 두 아들을 키워가면서 타지에서 노동일을 하고 한 달에 두서너 번 집으로 온다는데, 자신이 타지로 나가 일을 하는 동안 아이는 친구들과 근처 아파트에 주차된 노후 차량이나 남의 집 물건, 학급 친구들의 소지품을 훔쳐서 수시로 경찰서에 드나들기 때문이었다.

눈앞에서 목도된 '가정폭력'도 큰 문제였고, 혼자 아이를 키우는 아버지의 여러 사정과 환경 역시 큰 문제였기에 나는 마음이 무거워졌다. 그들에게 큰 힘이 되어주지는 못할지라도, 조금이나마 도움을 줄 수 있는 게 있을까 고민하고 주변 학부모들과 마음을 모았다.

그런데 또 며칠 뒤 옆집에 살던 남동생이 지하 주차장에 세워둔 차 트렁크에 놔둔 시가 500만 원짜리 카메라를 도난당했다고 했다. 주차장 CCTV를 확인하는 과정에서 어린 소년들 무리가 절도하는 증거를 찾아내서 경찰에 신고하였고 범인들을 인근에서 찾았다는 경찰의 말을 듣고는 식구들 모두가 경찰서로 향했다.

경찰서에 도착하자마자 어린 초등학생들로 보이는 3명 정도 되는 아이들이 있었는데, 그중에 며칠 전 아버지에게 맞고 있던 그 아이가 있었다. 단숨에 그 아이를 알아본 나는 아이의 이름을 부르면서 다가갔고, 아이는 아무런 표정 없이 나를 바라보았다. 아이의 모습은 순진함도 그렇다고 대담함도 없어 보였다. 어쩌다 이렇게 나쁜 길에 접어들어 일반적인 아이가 넘지 말아야 할 선을 넘고, 일반적이지 않는 일들을 지속적으로 벌이고 있는지 그저 가슴만 먹먹해져 갔다. 고가의 내 동생 카메라보다 그 아이의 미래가 더 걱정되었다.

경찰은 우리 말고도 이전에도 그 아이들로 인한 피해자가 적어도 수십 명이 있었고 그때마다 촉법소년이라는 이름으로 훈방 조치 되었다고 했다. 피해자들은 아이 아빠에게 구상권을 청구하려 했지만, 월세에 겨우 근근이 살아가는 가해자 가정의 형편에 피해자들은 보상 방법도 찾지 못한 채 피해자들로 남아 억울함만을 호소했다. 경찰도 아무런 조치를 해 줄 수가 없다고 하였다.

'촉법소년'이 그렇단다. 이런 상황을 악용해서 아이들도 더 대담해지고, 악순환이 되어 결국 범죄를 멈출 수 없는 상황이 만들어진다고 하였다.

이 아이에게 가족이 되어 잘못된 행동을 알려주고 보살펴 주었다면 이렇게 되지는 않았을 텐데 너무 안타깝다. 내가 만학도지만 박사까지 긴 세월 동안 학문에 매진할 수 있었던 것은 남편의 배려와 보살핌이 큰 영향을 주었다. 아이에게도 그런 어른이 곁에 있었다면 이런 일들이 벌어지지 않았을 것 같아 마음이 아팠다. 오랫동안 그 아이의 잔상이 남아 있는 채 시간이 흘러갔다.

5개월 뒤 나는 회원이 31명인 아파트의 부녀회장이 되었다. 아파트 소소한 일들이 귀에 담기는 하루하루를 보내던 중 아파트 관리소에 잠시 들렀다. 낯익은 어느 아이가 관리실 직원들과 있었는데 그 아이였다.

내용은 이러했다. 아파트 관리실 직원이 지하 주차장에 도난사고가 빈번하자 순번을 정해 경비 아저씨들과 순찰을 하였다. 그때, 아파트에 살던 어느 미군이 자신의 트렁크에서 절도를 하는 아이 하나를 잡아 크게 혼내면서 관리실 직원을 불렀다고 한다. 아이는 자신이 '촉법소년'이라 경찰서에 가도 금방 나온다면서 자신을 잡고 있던 관리과장을 밀치기까지 하며 대담해진 모습을 보였고, 결국 또 경찰이 왔다.

그리고 그 아이는 그날 '촉법소년'으로 다시 경찰서를 나왔고, 동네를 또 배회하였다. 다람쥐 통 속 다람쥐처럼 그 아이는 '촉법소년'이라는 이름으로 계속 돌고 있다.

얼마 전 뉴스에서 '촉법소년에 대한 형량을 하향 조정한다'는 의견이 나왔다는 소식을 접했지만 꿈과 희망을 품을 나이에 형량에 대한 하향화는 국민 정서에 반할 수도 있다는 여론이 갑론을박이 되자 현재 이런 소식은 쏙 들어간 상태이다.

일반적으로 '촉법소년'이라 불리는 아이들을 살펴보면 공통점이 있다. 의지하고 살아갈 터전인 가족과 집이 무섭고 더 이상 나를 지켜줄 수 없다고 생각하는 즉시 아이는 주변의 같은 동질성을 가진 또래의 아이를 쉽게 만난다는 점이다. 그리고 그들이 공유하는 일들은 '부모가 해줄 수 없는 스스로 만들어가야 할 세상살이'라고 여기기 때문에 법적 테두리를 무시한 채 자신의 어린 나이를 무기로 삼게 된다. 또 그 무기가 세상에 통하고 있기 때문에 아이들은 생존 전략 중 하나로 어른들이 정의 내린 나쁜 일들을 지속할 수밖에 없다. 가슴이 먹먹하다. 오늘 뉴스에 그 아이의 이름이 나오질 않길 바라면서….

06

# 마치면서

사회복지는 실천하는 학문이다. 학자로서 이론도 중요하지만 몸과 마음으로 실천하고 봉사하는 것이야말로 진정한 사회복지라고 생각한다. 교수로서 더 큰 학문으로 가르치고, 복지를 실천하는 현장에서는 밝은 미래를 만들고 싶다.

이 땅에서 사회의 어두운 곳에는 빛을, 어려운 곳에는 평화로움을 전달하는 가슴 따뜻한 복지 전도사가 될 것이다.

PART 4

# 1,191원의 기적, 밑져봐야 본전인 달러 투자

# 김상희

**Email**
tonggusan@hanmail.net

## 학력 및 경력사항

- 고려대 명강사 최고위과정 16기 윤리, 감사위원장
- 서울대 CEO 최고위과정 수료
- 서울시립대학교 졸업
- 현 민주평화통일자문회의(대통령 자문위원)
- 현 (주)케이앤제이글로벌 CEO
- 전 우리은행 기업 심사역 등 20년 근무
- 전 부동산개발전문위원 / 국토해양부

## 자격 사항

- 기업재무 상담사
- 명강의 명강사 1급
- 리더십 지도사 1급(한국 상담협회)
- 평생교육강사 자격 1급(한국교육강사연합회)
- 부모교육상담사 1급
- 기업강사자격 1급

## 저서

- 명강사 25시(공저)

01

# 프롤로그

워런 버핏이 이렇게 말했다. "잠자는 동안에도 돈이 들어오는 방법을 찾지 못한다면 당신은 죽을 때까지 일해야만 한다."라고. "잠자는 동안에도 돈이 들어온다"는 상상만 해도 너무 즐거운 일이다. 잠자는 동안에도 돈이 들어오는 투자 방법을 쉽게 찾을 수 있다면 참 좋으련만 말처럼 쉬운 일이 아니다. 은행 예금, 주식, 부동산 같은 전통적인 투자 방법은 누구나 아는 옛날이야기가 되어가고 있다. 요즘 가장 핫한 투자 방법으로 유튜버나 환율에 투자하는 환테크에도 관심을 가져볼 만한 이유이다.

"타고 있는 배가 항상 샌다는 것을 알게 되면 구멍을 막느니 차라리 배를 바꿔 타는 것이 생산적이다." 주식 투자에서 손해를 만회하기 위해서 계속 추가 매수를 해서 손해를 키우는 것보다 빨리 다른 종목으로 갈아타거나 다른 투자로 변경하라는 것이다. 주식이나 가상화폐 같은 투자는 이익은 클 수 있지만 원금 손실이 두렵고, 정기예금 같은 투자는 안정적이지만 수익률이 너무 낮다.

그래서 정기예금처럼 안정적이지만 수익률이 주식 투자에 못지않은 투자 방법을 소개하고자 한다. 바로 환테크다. 환율에 따라 수익률에 차이가 날 수 있겠지만 내가 실제로 투자해 본 경험과 시뮬레이션 결과를 바탕으로 얻은 방법이니 따라서 투자해보면 좋은 결과를 얻을 수 있다고 확신한다. 더 좋은 투자 방법이 있을 수도 있고 설명이 세부적으로 맞지 않을 수도 있다. 또한 쉽게 설명하려니 과장되거나 과소 평가되는 부분도 있다는 점을 유념하여 읽었으면 한다.

환테크는 주식 투자처럼 위험성도 없고 부동산 투자처럼 큰돈 없이도 해 볼 수 있는 좋은 투자인 것 같다. 요즘 서점에 가 보면 주식 투자나 부동산 투자 등 재테크에 관한 책은 수십 종 널려 있으나 아직 환테크에 대한 서적은 별로 없었다. 여기서 소개하는 환테크 방법이 최선의 투자 방법이라고는 생각하지 않는다. 다만 아주 쉬운 투자 방법이고 소액만으로도 누구나 경험해 볼 수 있는 투자이다.

두 번째 에피소드에서는 본격적으로 환테크를 설명하기에 앞서 몸풀기 지식에 해당하는 환율의 정의와 저렴한 수수료로 은행을 이용하는 방법에 대해 간략하게 설명하였다. 세 번째 에피소드는 환테크의 실제 투자 방법과 필요한 노하우를 다루었다. 그리고 네 번째 에피소드는 사례 위주로 설명했으니 누구나 쉽게 이해할 수 있을 것이다.

투자라고 하면 두려워하고 은행 예금밖에 모르는 보수적인 자산 운용가들에게도 환투자를 하는 계기가 되기가 되었으면 하는 바람이다. 더 나아가, 많은 사람이 더 좋은 투자 방법을 찾아내고 새로운 투자 방법을 통해서 아무쪼록 경제적 자유와 행복을 얻을 기회가 되길 바란다.

02

# 정보가 돈이다

환율이란 우리나라 안에서 외국통화를 사고팔 때 돈(원화)으로 상품(외화)을 사고파는 것으로, 외화를 사고팔 때 해당 통화의 가격을 말하는 것이다. 즉 원화만 돈이고 나머지 통화는 모두 상품으로 생각하고 수요와 공급에 의해 실시간으로 가격이 매겨진다고 보면 된다. 외국통화를 매매할 때 은행은 매매 기준율에 일정한 스프레드를 붙여서 매매이익을 실현한다. 다시 말해 외국통화를 팔 때는 매매 기준율에 일정 금액을 더해서 매매 기준율보다 높은 가격에 팔고, 외국통화를 살 때는 매매 기준율에 일정 금액을 빼서 매매 기준율보다 낮은 가격에 사는 것이다.

은행에서는 하루에 여러 차례 가격(환율)을 고시한다. 이때 가격을 표시하는 방법은 앞서 설명했듯 고객이 외화 현금을 살 때, 외화 현금을 팔 때, 송금할 때, 송금받을 때 각각 다른 환율을 적용한다. 현금 매매에 적용하는 환율은 송금받거나 송금할 때보다 스프레드를 높게 적용하고 있다. 이는 매매 대상 통화(미국 달러, 엔화, 위안화, 유로 등)의 매매를 통해 현물로 직접 주고받는 것이다. 이때 해당 통화를 취급하는 데 보관과 운송에 따른 비용이 발생되므로 매매할 때 수수료가 비싸지는 것이다. 자세하게 살펴보면 다음과 같다.

- **매매 기준율** 은행들 간에 거래가 이루어지는 외환 시장에서 기본이 되는 평균 환율로 일반 고객이 은행에서 외화를 사고팔 때 기준이 되는 환율이다. 시장 평균 환율이라고도 한다.
- **현금 살 때 환율(현찰 매도율)** 고객이 외화 현금을 살 때 적용하는 환율로 통상적으로 미국 달러 기준 매매 기준율보다 1.75% 더 높은 환율을 적용한다.
- **현금 팔 때 환율(현찰 매입률)** 고객이 외화 현금을 팔 때 적용하는 환율로 통상적으로 미국 달러 기준 매매 기준율보다 1.75% 더 낮은 환율을 적용한다.
- **고객이 송금할 때(전신환 매도율)** 해외나 다른 사람에게 보낼(송금) 때 적용하는 환율로 매매 기준율보다 은행별로 조금 차이는 있으나 대략 1% 내외 더 높은 환율을 적용하고 있다.
- **고객이 송금받을 때(전신환 매입률)** 해외 등으로부터 송금받아 원화로 환전할 때 적용하는 환율로 매매 기준율보다 대략 1% 내외 더 낮은 환율을 적용하고 있다.

예를 들어 1달러당 ₩1,400으로 가정하고 달러당 매매기준 환율을 계산해보면 각각 다르다는 것을 쉽게 알 수 있다. 현금 살 때의 환율은 ₩1,400+(₩1,400×1.75%)=₩1,424.50이고, 현금 팔 때의 환율은 ₩1,400-(₩1,400×1.75%)=₩1,375.50이다. 또한 송금할 때의 환율은 ₩1,400+(₩1,400×1%)=₩1,414.00, 송금받을 때 환율은 ₩1,400-(₩1,400×1%)=₩1,386.00이다.

| 국가명 | 통화 | 전신환 | | 현금 | | 매매 기준율 | 대미 환산율 | 달러당 환산율 |
|---|---|---|---|---|---|---|---|---|
| | | 송금 할 때 | 송금 받을 때 | 현금 살 때 | 현금 팔 때 | | | |
| 미국 | 달러 | 1,447.30 | 1,419.30 | 1,458.38 | 1,408.22 | 1,433.30 | 1.0000 | 1.0000 |
| 일본 | 엔 | 965.31 | 946.59 | 972.67 | 939.23 | 955.95 | 0.6670 | 1.4994 |
| 유로 통화 | 유로 | 1,417.09 | 1,389.98 | 1,430.98 | 1,375.14 | 1,403.06 | 0.9789 | 1.0216 |
| 중국 | 위안 | 199.79 | 195.85 | 207.71 | 187.93 | 197.82 | 0.1380 | 7.2455 |

해외여행이나 출장 때 공항 환전소에서는 환전수수료가 매우 높고 환율 우대도 없으니 공항 가기 전에 미리미리 환전해두면 환전수수료를 절감할 수 있다. 대부분 공항 환전소에서는 미국 달러 환전 수수료율은 4.31%, 중국 위안화 10.89%, 베트남 동 16.13% 수준이다. 은행 창구나 인터넷으로 환율 우대받고 환전할 때보다 10배 이상 수수료를 더 부담한다고 생각하면 된다.

만일 여행경비로 100만 원을 미국 달러로 환전한다면 은행 창구에서 환율 우대받아서 환전할 때는 ₩1,750의 수수료를 부담하게 되나 공항 환전소에서 환전 시 ₩43,100의 수수료를 부담하게 된다. 도표에서 보듯 중국 위안화나 베트남 동의 경우에는 10%가 넘는 환전수수료를 지불해야 한다.

은행을 적극적으로 활용하자. 은행이 외화를 사고팔 때 고시된 환율을 그대로 적용할까? 물론 대답은 '아니오'이다. 은행도 '에누리'라는 것이 있다. 앞에서도 설명했듯이 은행 거래를 많이 하는 고객에게는 수수료를 싸게 적용하는 것이다. 즉, 환율 스프레드를 적게 적용한다. 주거래 고객에게는 스프레드를 95%까지 할인해주기도 한다. 해외에서 달러 1만 불이 송금되어왔다고 가정하고, 달러 1만 불을 원화로 환전할 때 환율 적용에 따라 받는 돈의 차이를 비교해 보자.

현재 미국 달러 매매 기준율이 ₩1,400이라면 환율 우대를 받지 않고 환전하는 경우에는 환전수수료가 1%이니 수수료 1% 제하고 ₩13,860,000을 받게 되지만 90% 환율 우대 적용 시에는 수수료 0.1%만 제하고 ₩13,986,000을 받게 되어 결국 ₩126,000의 수수료를 절약할 수 있다. 반대로 만일 자녀가 유학 중이라서 학비를 1만 불 송금하는 경우라면 수수료 ₩126,000을 덜 지출하고도 똑같이 1만 불을 송금할 수 있다. 1만 불이라서 적은 금액으로 보일지 몰라도 몇만 불, 몇십만 불이라면 상당한 금액이 될 것이다.

특히 해외에서 미국 달러나 일본 엔화로 송금되어 오는 경우라면 시중은행에 가서 달러나 엔화 통화를 개설해두고 외화 구좌 번호로 송금받는 것이 매우 유리하다. 원화 계좌로 송금되어 오면 은행이 환율 우대 없이 정해진 환율로 환전해서 원화 계좌로 입금 처리한다. 외화통장이 있다면 외화통장으로 입금해두고 환율이 유리하다고 판단될 때 은행 담당 직원과 협의하고 환율 우대를 받아서 환전한다면 훨씬 더 유리한 조건으로 환전하게 될 것이다.

환전 금액이 큰 금액이라면 더 좋은 조건으로 환율 우대를 받을 수도 있다. 실제 대기업이 큰 금액을 환전하는 경우 대부분의 거래 은행들은 미화 1달러당 0.5원 미만의 수수료를 받고도 환전해 주고 있다.

환전할 때는 환전수수료가 가장 저렴한 은행을 찾아가 환전해야 한다. 발품을 팔아 수수료율을 비교해 보는 것이다. 대부분 주거래 은행이 상대적으로 저렴하다. 환율 우대 조건은 같은 은행이라도 영업점마다 각각 다르고 은행에서 환전 업무를 하는 담당 직원에 따라서도 달라질 수 있기에 수수료율이 가장 저렴한 곳을 선택해서 환전해야 한다. 인터넷으로 환전 신청 시 더 좋은 조건으로 환율 우대를 해 주는 경우도 있으니 인터넷을 통해 환전하는 것도 환전수수료를 줄이는 좋은 방법이다. 최근에는 증권사의 경우, 환전수수료를 95%까지 할인해 주는 곳도 있으니 증권사 계좌를 활용하면 환전수수료가 저렴하고, 모바일 등 인터넷으로도 매매 거래를 할 수 있으니 편리하다.

03

# 개미에게 주식 투자는 미친 짓이다

만일 10년 전에 우리나라 시가 총액 10위 종목에 투자했다면 10년 후 투자 결과가 어떻게 됐을까? 한국 증권거래소 자료를 찾아보면 당시 시총 상위 10개 종목 중에 상승한 종목이 4개 종목, 연평균 5% 이상 수익률을 실현한 종목이 3개 종목에 불과하다. 나머지 6개 종목은 손실을 봤다. 삼성전자 주, 삼성전자우선 주, LG화학 주만 상승했

2012년 시가총액 1~10위

*주가는 9월 14일 기준, 자료=한국거래소

| 종목 | 2012년 주가(원) | 2022년 주가(원) | 등락률(%) |
|---|---|---|---|
| 삼성전자 | 2만6020 | 5만6800 | 118 |
| 현대차 | 23만4500 | 19만8500 | −15 |
| POSCO홀딩스 | 36만8500 | 23만9500 | −35 |
| 현대모비스 | 30만7000 | 21만4000 | −30 |
| 기아 | 7만3400 | 8만300 | 9 |
| LG화학 | 31만3500 | 66만3000 | 111 |
| 현대중공업 | 재상장했으므로 제외 | | |
| 삼성생명 | 9만6900 | 6만4900 | −33 |
| 삼성전자우 | 1만5580 | 5만2400 | 236 |
| 신한지주 | 3만6000 | 3만5400 | −2 |

다. 워런 버핏은 "10년 이상을 볼 것이 아니라면 그 주식을 10분도 갖고 있지 마라."라고 했다. 워런 버핏은 주식 장기 투자에 대해 강조했는데 적어도 앞의 표에서 나타난 결과를 보면 틀린 말로 보인다.

향후 10년 후에 어떤 산업이 성장할지는 아무도 모른다는 것이다. 투자 후 10년 경과 60% 종목이 손실이라면 계속 주식 투자에 비중을 두어야 하는지는 각자 고민해 봐야 할 일이다.

우리나라 증권 시장은 1956년 3월 3일 증권거래소 서울시장(당시 명동 소재)에서 처음으로 이루어졌다. 처음에 상장된 종목은 조흥은행, 상업은행, 홍업은행 등 4개 금융사와 대한해운 공사, 대한조선 공사 등 8개 기업을 합쳐 총 12개 사에 불과했다.

종합주가 지수는 기준 시점의 시가 총액과 비교 시점의 시가 총액을 비교하여 산출하는 시가 총액식 주가 지수를 사용한다. 1975년 초를 기준으로 사용해 오다가 1980년 1월 4일 지수화한 것이 현재에 이르고 있다. 우리나라 주식 시장은 장내 시장인 코스피 시장, 코스닥 시장, 코넥스 시장, 장외 시장인 K-OTC 시장이 있다.

주식 시장은 활황기와 침체기를 반복한다. 주식 시장 활황기에 주식 투자자들은 많은 투자 수익을 실현해야 한다. 하지만 개미 투자자들에게는 그림의 떡이 되곤 한다. 주식 시장이 활황기가 오면 기다렸다는 듯이 기업들은 자금을 끌어들이기 위해 유상증자, CB 발행 또는 신규 상장시키고 있다. 때로는 물적 분할(유망 사업 쪽을 쪼개서 따로 상장)을 해서 시장에 주식 공급을 늘려 주식 시장에 찬물을 끼얹기도 한다. 결국 개미 투자자에게 돌아가야 할 투자 수익이 물거품이 되어 버린다.

최근에도 LG화학과 카카오가 유망 사업부를 쪼개서 별도 회사를 만들고 따로 상장해 버린 것을 보지 않았는가? 투자 회사가 승승장구하지만 기존 주주들이 가져가야 할 투자 기업의 성장 과실은 기업으로 돌아가 버린다. 주식 시장이 활황기만 되면 기업들은 기다려왔던 증자, 기업공개를 통한 신규 상장, CB 발행 등 물량공급을 하고 그 결과 주식 시장은 다시 하락하게 된다. 기존 주주의 배려 없이 기업만의 이익을 위해 물적 분할 같은 도덕적이지 못한 행위, 최근 개미 투자자에게는 불가능한 공매도 제도 등은 개미 투자자에게는 투자 수익을 실현할 수 없는 기울어진 운동장이다.

04

# 가장 안전하고 쉬운 투자 (미국 달러 재테크)

우리나라 경제에 크나큰 영향을 미친 거대 사건 중에는 1993년 8월 12일 문민정부 김영삼 대통령의 금융실명제 전격 실시와 1997년 11월 21일 당시 임창열 경제부총리가 IMF 구제금융 신청 사실을 발표한 사건이 있다. 당시 나는 시중은행 창구에서 근무할 때라 패닉과 혼돈을 온몸으로 체험했던 기억이 난다.

IMF 금융위기 이전인 1997년 11월 14일 미국 달러 마감 환율은 1달러당 ₩986.30이었으나 IMF 구제금융 신청 한 달 정도 지난 시점인 1997년 12월 24일 미국 달러는 장중 한때 사상 최고가인 ₩1,964까지 치솟았다. 은행 일부 VIP 고객들은 정기예금을 해지해서 달러에 투자하기 시작했다. 당시 보유 목적 달러 매수는 제한이 없었으므로 수십만 불씩 달러에 투자하는 고객들도 있었다. 물론 모든 고객이 미국 달러에만 투자했다. 당시 미국 달러가 가장 안전한 자산으로 생각되었기 때문일 것이다. 일부 고객 중에는 약 한 달 만에 투자금액의 두 배 이상으로 수익을 올리는 경우도 있었다. 1997년 11월 21일 IMF 구제금융 신청 시점 이후로 약 한 달 만에 미국 달러 환율이 두 배 이상 올랐으니 말이다.

지인이 약 1년 반 전 2021년 4월 자녀 미국 유학을 대비해 미국 달러 3만 불을 1달러당 ₩1,120 수준에서 사서 보관 중이었으나 코로나 사태로 자녀 미국 유학은 포기했고 최근 1달러당 환율 ₩1,440에 달러를 매각해서 약 1년 6개월 만에 ₩9,600,000의 수익을 실현했다고 한다. 총수익률 28.6%를 실현했고 1년 수익률로 환산하면 19%이니 당시 1년 정기예금 이자율이 높아야 2% 수준임을 감안하면 무려 10배에 가까운 수익률이다.

이렇듯 최근 미국 달러로 재테크 하는 사람들이 많이 늘어나고 있다. 미국 달러가 세계 통화 중에서 가장 안전한 자산으로 평가받고 있다는 것은 누구나 다 아는 사실이다. 달러 재테크란 돈(한국통화)으로 다른 투자(자산을 매입하거나 매도)를 함으로써 이윤을 남기는 행위이다. 즉, 달러 투자는 일정 시점에 정해진 가격으로 투자 미국 달러를 매매하여 차익을 남기는 행위이다.

재테크라고 하면 부동산 투자나 주식 투자, 가상화폐, 은행 예금을 쉽게 떠올릴 것이다. 환율을 활용한 달러 재테크는 대다수 사람에게는 생소한 이야기로 들릴 수도 있다. 그럼 이런 달러 재테크에는 어떤 장점이 있을까?

환테크는 많은 투자 이익이 발생하더라도 세금을 한 푼도 내지 않아도 된다. 주식 거래 시 증권 거래세 0.23%, 우리 귀에 익숙한 서학개미 투자자들도 미국 주식 투자 손익에 대해 매년 정산해서 투자 수익이 발생한 경우 그다음 해 5월 말까지 양도 차액에 대해 22%의 양도세를 납부해야 한다. 또한 증권사별로 차이가 있기는 하지만 증권거래 수수료도 있다. 금(실물/골드 바)을 살 때도 부가세 10%가 붙는다. 금을 팔 때는 판매처에 5%가량의 수수료가 발생하고 골드 바 작업비도 금 가격에 더해진다. 금 통장으로 금 투자 시 수수료는 2%로 저렴하나 투자차익에 대해서 이자소득세 15.4%가 붙는다. 간단히 말해 수수료를 부담하고도 이익이 발생하려면 금값이 적어도 20% 이상 올라야 하는 것이다. 부동산 거래 시에도 취득세, 부동산 중개업소에 중개수수료, 양도세 등 각종 세금이 따라다닌다.

주식은 발행회사가 부도나면 휴지 조각이 될 수도 있으나 달러는 세계 화폐 중 가장 안전한 자산이다. 미국이란 국가가 부도나지 않는 한 보증하는 투자 대상이다. 북한의 위협(한반도 지정학적 리스크)이 항상 존재하는 한국의 원화보다 훨씬 더 안전 자산인 것은 분명하다. 만일, 원화 대비 미국 달러가 폭락하여 매각 시 손실이 발생한다면 매각하지 않고 '미국 달러를 사용하는 나라에 가서 여행하며 돈이 다 떨어질 때까지 살다 오면 그만이다'라는 생각으로 투자한다. 모든 투자에는 위험이 뒤따른다. 그러나 투자를 결정할 때는 위험이 가장 적은 안전하고 수익률이 높은 투자 자산에 투자하는 것이 정답이다.

어느 정도 환율에서 얼마나 자주 투자하는 것이 적절할까? 아래의 환율 변동 곡선이 보여주듯이 최근에는 1달러당 ₩1,000에서 ₩1,400 수준으로 움직였다. 1년 이상 장기 투자자라면 평균 환율 ₩1,200 아래로 하락할 때는 매수하고 적정 수익을 확보하면 매각한다. 그러나 투자 횟수를 늘려 수익을 극대화하고 싶다면 일정 환율 이하이면 매수하고 목표 수익률 확보 시 매각하는 시스템적 투자를 해야 한다. 예를 들면 1주일에 1회 또는 한 달에 1회 등 매매 횟수를 늘린다. 환율이 매수 시점보다 1% 상승했었을 때 매각하는 것으로 가정한다. 예를 들어 1년에 12회 매수하는 것으로 가정하면 연 12% 수익률을 실현하는 것이다.

현재 은행 정기예금 1년 이자율이 5% 수준이니 세금 공제 후 이자 수익률은 4% 초반대이다. 단순하게 계산하면 3배의 수익률에 해당된다. 만일 1달에 1회가 아니고 목표 수익률을 낮추고 투자 횟수를 늘린다면 수익률을 두 배 또는 몇 배로 늘릴 수도 있다.

환율 폭등이나 급격한 변동성으로 정부가 외환 시장에 인위적으로 개입한다면 이때는 환율 변동이 시장의 수요공급에 의하지 않고 인위적으로 개입하는 것이니 달러 매수나 매도 시점을 주의 깊게 보고 대처해야 한다. 정부의 외환 시장 개입은 달러 환율 변동성이 기대 이상으로 커서 자국 경기에 악영향을 줄 것으로 판단하는 것이다. 환율 상승, 하락은 경제에 긍정적 또는 부정적으로만 작용하지 않는다. 긍정적, 부정적 모두 작용한다. 다만 급격한 변동성은 문제다.

장기적으로 미국 달러는 강세를 유지할 것인가? 미국의 달러는 군사력, 경제력 등과 함께 초강대국 미국을 지탱하는 핵심 요소이다. 세계 경제가 위험에 빠질수록 어떤 투자처도 다 위험하니 최고의 안전 자산 미국 달러를 가지고 있겠다는 심리가 작용한다. 달러에 대한 수요가 높아지니 현재보다 달러가 더 강해질 수도 있다. 그러나 어떤 자산도 한없이 올라가지 않고 한없이 내려가지도 않는다. 미화 1달러당 원화 환율은 1970년대 300원대, 1980년대 600원대, 2022년 현재 1,400원대로 점진적으로 상승해 왔다는 것이다. 언급했듯이 모든 투자는 위험이 따르는 법이다. 그러나 미국 달러는 가장 위험이 적은 안전 자산에 해당된다. 미국 달러는 미국이 망하지 않는 한 보증하는 자산이다. 국가 경제 규모, 세계 경제에서 차지하는 영향력, 국방력 등 모든 면에서 최강인 미국의 통화에 투자하는 것은 가장 안전한 자산에 투자하는 것이다. 또한 장기적으로 미국 달러는 과거 환율 그래프에서 보듯 우상향 그래프다. 즉, 점진적 상승을 해왔다. 미국이 세계 제1의 기축통화 역할을 포기하지 않는 한 점진적 달러 강세는 지속될 것으로 보인다.

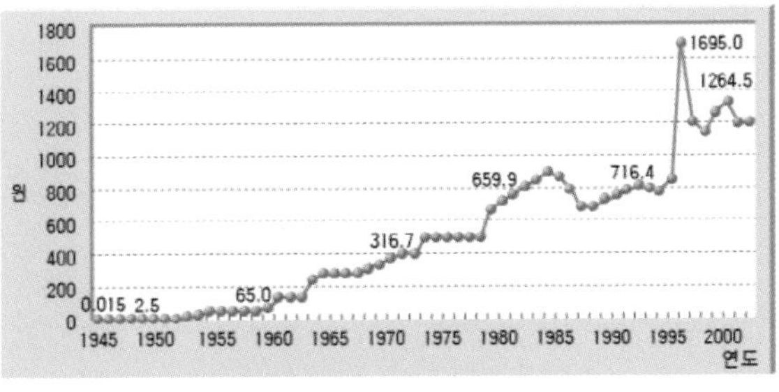


우리나라 원화의 대달러 환율(출처: 한국은행의 『경제연감』 및 『경제 통계 연보』)

달러 투자를 하려면 우선 달러 통장을 만들어야 한다. 키움증권을 예로 들어보자. 키움증권의 경우 현재 환전수수료를 95%까지 우대하는 이벤트를 진행하고 있어서 환전수수료를 절약할 수 있다. 키움증권 영웅문S글로벌 앱을 모바일이나 노트북에 다운받아 비대면 계좌 개설을 간단히 할 수 있다. 키움증권 앱을 활용하면 모바일에서 미국 달러 매수 매도 주문을 수시로 낼 수 있다. 또한 목표 환율에 도달하면 자동으로 매매되는 예약 거래 시스템을 활용해 쉽게 달러 투자를 할 수 있다.

아래 예시된 투자 실행 방법은 신청을 해 매수 매도 타이밍을 환율로 정해놓고 그 시점이 되면 매수와 매도를 반복하면서 환차익을 실현하는 것이다.

달러 투자의 구체적 실행 방법은 다음과 같이 5가지로 구분하여 설명할 수 있다.

첫째, 달러 환율 상승기에는 직전 매도 환율에서 -1% 환율에 매입하고 매입한 환율에서 +3% 환율에(매매익 3%) 매도한다.

둘째, 달러 환율 하락기에는 직전 매도 환율에서 -3% 환율에 매입하고 매입한 환율에서 +1%(매매익 1%) 환율에 매각한다.

셋째, 환율이 큰 변화 없이 횡보할 때는 현재 환율에서 -1% 매입하고 매입환율보다 2%(매매익 2%)에서 매각한다.

넷째, 1개월 동안 목표 환율에 도달하지 못할 때는 매수일로부터 1개월 되는 시점의 환율로 매수하거나 매각한다.

다섯째, 목표 환율에 도달하지 못해서 매수일로부터 1개월 시점에 매각한 건의 경우에는 당시 환율 상승기와 하락기를 파악해서 위에 설명한 대로 재투자한다.

투자하는 동안 환율 변화폭이 너무 커서 정부가 외환 시장에 개입할 때는 그때그때 대응해서 수익을 확보하면 된다.

2020년 1월부터 12월까지 이와 같은 투자 방법으로 했을 때 연 9.27% 수익이 났다. 2020년 1월 3일 원 달러 환율은 1,156원, 2020년 12월 31일 원 달러 환율은 1,088원이었다. 연말에 환율이 연초 환율 대비 약 6% 하락했음에도 이익을 실현했으니 환율의 하락 시에도 투자 수익을 실현할 수 있다는 것이다. 당시 정기예금 이자율은 2% 미만이었으니 당시 정기예금 수익률의 4~5배에 해당하고 잘한 투자에 속한다고 볼 수 있다. 같은 방법으로 2021년도에도 시뮬레이션해 본 결과 연 12.07%가 가능한 것으로 결과가 나왔다.

세상에서 가장 안전한 자산에 투자하고 연 10% 내외의 수익을 보장해 주는 달러 투자는 이제 우리가 적극적으로 관심을 가져야 할 때라고 생각한다.

05

# 에필로그

"무언가를 시작하고 실패하는 것보다 더 나쁜 것은… 아무것도 시작하지 않는 것이다." 21세기 가장 영향력 있는 비즈니스 전략가인 세스 고딘의 말이다. 그가 운영하는 블로그는 현재 전 세계에서 가장 많이 읽히고 링크되는 비즈니스 블로그 중 하나로 꼽힌다. 고(故) 정주영 회장이 안 된다고 하는 사람에게 "너 해 봤어?"라고 꾸짖은 것은 실천의 중요성을 강조하기 위한 말로 사람들 입에 회자되고 있다.

가장 좋은 교육 방법은 티칭(teaching)이 아니라 코칭(coaching)이다. 책상에서 얻어진 지식보다 실천(doing)을 통해 체득한 지식이 또 다른 실천으로 연결된다. 요즘 사람들은 티끌 모아 태산이 아니라 티끌을 모아 봤자 티끌이라고 말한다. 그러나 태산도 결국 돌멩이, 바위 등이 한데 뭉쳐 이루어진 것이다. 돌멩이나 바위가 모여야 태산이 되니 투자 여력을 최대한 극대화해야 큰 투자 이익을 얻을 수 있다.

혹시 모를 손실 때문에 투자를 두려워하는 사람들에게 미국 달러 자산에 투자해보기를 권하고 싶다. 투자라고 하면 아직도 많은 사람들이 주식이나 부동산 투자를 생각한다. 최고로 안전하고 최고의 수익률을 보장해주는 투자처는 없다. 대부분의 사람들은 안전성과 수익성 사이에서 적절히 홍정해서 투자한다. 한 번에 일확천금을 가져다주는 투자처는 아니지만 주식에 투자했다가 낭패를 본 투자자나 소자본으로 목돈을 모으는 투자자라면 이제 환테크를 고려해 볼 때가 됐다.

부족한 글이지만 이 글이 안정적 투자와 수익률 사이에서 고민하시는 분들에게 도움이 되길 바란다.

*"가난하게 태어난 것은 당신의 잘못이 아니지만 가난하게 죽는 것은 당신의 책임이다"*

*- 빌 게이츠*

**참고 문헌**


- 표준 국어대사전, 네이버 지식백과, 나무위키, 한국은행 경제연감, 한국 거래소

PART 5

# 휘파람을 부는 2막 5장

# 김석건

**Mobile**
010-9093-9933
**Email**
sgkim0113@hanmail.net

### ● 학력 및 경력사항

- 동방문화대학원대학교 교육학 박사
- 예명대학원대학교 사회복지학 박사
- 중앙대학교 행정학 석사
- 한국방송통신대학교 법학사
- 국가평생교육진흥원 사회복지학사
- 경희대 행정대학원 최고위과정 수료
- 고려대 명강사 최고위과정 16기 수석부회장
- 전 글로벌리더 원격평생교육원 대표
- 현 서울사회복지대학원대학교(평생교육원) 주임교수, 객원교수
- 현 내일능력개발원 외래교수
- 현 대한민국 노인중앙회 시니어 강사
- 현 서울폴리텍 평생교육원 운영교수
- 현 MBC아카데미 사이버평생교육원 실습지도 교수
- 현 미리요양보호사 교육원 외래교수
- 현 국정포럼 교양교수(노후설계)
- 현 KCA 공공기관 면접위원
- 현 서울경찰청 민간인 징계위원

### ● 수상 경력

- 녹조근정훈장, 대통령 표창
- 대통령비서실장 표창
- 국가정보원장 표창
- 행정자치부 장관 표창
- 경찰청장 표창 등 24회

### ● 저서

- 학위논문(석사, 박사 2편)
- 학술지 논문 3편
- 명강사 25시(공저)

### ● 강의 분야

- 사회복지학, 교육학, 행정학, 인문사회, 동기부여, 자기계발, 소통, 건강

### ● 자격 사항

- 행정사(행정자치부), 평생교육사(교육부장관)
- 사회복지사 1급(보건복지부장관), 요양보호사(서울시장)
- 심리상담사 1급, 인성지도사, 아동심리상담사, 진로적성 상담사
- 학교 폭력예방 상담사, 분노조절 상담사, 부모교육상담 1급
- 명강의 명강사 1급, 리더십 지도사 1급, 스피치지도사 1급
- 노인교육강사 1급, 기업교육강사 1급

01

# 프롤로그

코로나 시대, 2022년도 가을 학기에 고려대 명강사 최고위 과정 16기로 등록했다. 당신도 노년에 휘파람을 불 수 있다. 17주간의 교육 기간 중 가평 켄싱턴 리조트에서 책 쓰기 워크숍 강의를 듣는 중에 요양보호사 교육원장으로부터 강의 요청이 들어오더니, 다음 날 토요일 2개 반 사회복지실습지도 강의를 마치고 귀가 중 사회복지사 1급 시험 대비반 1타 강사로 사회복지 정책론 강의 요청이 들어왔다.

사실 본업은 은퇴 후 메이저 어학원에서 8년째 근무 중이었는데 지난 6월부터 고문직으로 라이선스 신분으로 바뀌어 보수는 절반으로 줄었다. 과분한 현실임에도 소비 규모를 줄이지 못해 주 1회 출근하는 아르바이트 운수회사를 다니며 기존 보수를 보전받고 있다. 목요일은 학교에서 사회복지과 주임교수로, 경비원 신임교육과 사이버 인터넷교육원에서 사회복지실습 지도교수 및 운영 교수로 일하고 있다. 가끔 공공기관 취업 면접위원과 서울경찰청 민간인 징계위원으로 위촉되어 활동한다. 하루가 어떻게 지나가는지도 모를 정도로 1주일이 하루 같은 삶이다.

평생 공무원 생활을 내 인생의 전부로 생각하다 어느 순간 36년이란 세월이 지나고 은퇴를 앞둔 시점에서 자원봉사라도 하려면 전문자격증을 따야겠다고 생각했다. 100세 시대를 대비한 노후 준비로 사회복지사 자격증을 따면서 사회복지학 박사, 교육학 박사 학위를 취득하고 명강사의 길을 걸으며 삶의 방향, 가치관, 인생관, 철학의 변화가 찾아왔다.

인생 1막에서의 삶은 역사 속으로 보내고, 인생 2막 5장의 일상을 위한 기본적인 원칙으로 첫째, 겸손하게 살고, 둘째, 배우는 삶으로

교육학 박사, 사회복지학 박사 김석건 강의 장면

살자고 다짐했다.

"오늘을 내 생애의 마지막 날처럼 죽는다는 자세로 인생을 살고 영원히 산다는 자세로 배우라."

마하트마 간디의 이런 용기와 배움의 가르침으로 살자. 흘러간 물은 물레방아를 돌리지 않는다. 미래의 내 모습은 현재 무엇을 하는가에 달려 있다. 자신감을 가지고 새로이 시작하자!

노후에 대한 낡은 시각에서 벗어나 열정이 넘치고 희망이 가득한 관점의 대전환과 철저한 준비로 풍요롭고 행복한 삶을 만들어 가자고 다짐한다. 한 번뿐인 소중한 인생을 잘 마무리할 수 있도록 노후를 앞두고 있거나 노년을 사는 분들에게 이 글이 더 나은 삶으로 가는 이정표가 되길 바라는 마음이다.

지난해 코로나19 확산으로 제조업에서 16만 개, 지식산업에서 7만 개 일자리가 사라졌다는 연구 결과가 나왔다. 4차산업 시대에 앞으로 10년간 4배 넘는 일자리 감소로 이어질 것이란 경고도 나왔다(한국개발연구원 KDI).

며칠 전 동네 사우나에서 코로나로 경제적 어려움이 많다는 세상 돌아가는 이야기를 나누었다. 구청에서 국장으로 정년퇴직하고 2년째 되는 분은 요즘 마누라가 집에 있지 말고 나가서 돈 벌어 오라고 한단다. 부인이 직접 인터넷을 보고 여러 군데 재취업 구직자리를 검색하여 접수까지 해 놓고 면접을 가보라고 한다고 했다. 1년 전 주차관리원 계약직이 끝난 후 지금까지 면접은 늘 보러 다니고 있으나 공무원 연금을 받고 있어 불합격된다고 한다. 경찰서에 근무 중인 후배 한 명은 올해 말 퇴직인데 요즘 잠이 오지 않는다고 한다. 그들에게 고려대 명강사 '휘파람을 부는 2막 5장' 읽기를 권해 본다.

02

# 인생 2막
# 어떻게 시작할까?

제1기 인생은 출생에서부터 교육이 끝나는 시기, 제2기 인생은 취업에서 퇴직까지의 시기, 제3기 인생은 은퇴 후 신체적, 정신적으로 건강한 시기로 일상의 책임과 의무에서 벗어나 자아실현을 추구하는 인생의 황금기이다. 마지막 제4기 인생은 건강이 쇠약한 상태에서 사망에 이르는 시기라고 한다. 항상 젊다고만 생각하고 열정과 혼신을 바친 인생 1막의 공직생활이 어느새 끝나고 퇴임사를 작성했다. 다음은 퇴임사 일부이다.

저는 오늘 36년간의 공직생활을 마감하고 정든 경찰을 떠나게 되었습니다. 이제 경찰관으로서의 소임을 내려놓고 자유인으로, 자연인으로 돌아갑니다. 경찰에 들어온 지 36년, 세월은 강물처럼 흘러 제 나이 어느새 60세가 되었고, 청춘을 바친 경찰관 생활은 은혜와 축복 그리고 감사였음을 엄숙하게 고백합니다.

경찰공무원직에 대한 긍지와 자부심으로 공직생활을 대과 없이 마무리할 수 있도록 뒤에서 묵묵히 가정을 지켜 준, 제 사랑하는 가족에게 이 자리를 빌려 고마운 마음을 전합니다. 저는 경찰 퇴직 후 사회적으로 부끄럽지 않은 삶을 살아가면서, 오늘 떠난 퇴직 동기들과 함께 어디에 있든지 여러분을 응원하겠습니다.

돌이켜보면, 재임 중 어려웠던 굴곡의 과정과 기쁜 순간이 주마등처럼 지나갑니다. 인생에서 가장 중요하고 소중한 것은, 바로 지금이고 내 곁에 있는 사람이라고 했습니다. 이제 저희 시간은 지나갔고, 지금부터는 여러분의 시대입니다. 저희는 조용히 뒤에서 경찰이 발전하고, 존경받는 조직이 되도록 기도하고 성원하겠습니다.

청춘을 바친 경찰을 떠나는 마당에 문득 이기철 시인의 시 〈내가 만난 모든 사람은 아름다웠다〉가 생각납니다. 제가 근무하는 동안 함께했던 동료 여러분이 가장 아름다운 사람이었습니다. 영화 〈끝까지 간다〉에서 고건수 형사(이선균 분)에게 강력반장(신정근 분)이 한 말도 생각납니다. "공무원의 최종 목표는 정년퇴직이야!" 여러분도 끝까지 가시길 바랍니다!

- 2014. 6. 27. 퇴직경찰관 대표 김석건 올림

인생 1막인 공무원 생활을 마감하고 정년까지 온 데 대한 자부심은 있었다. 한편으로는 긴장된 조직 생활에서 벗어나 첫 사회생활을 어

떻게 할 것인지 기대 반 두려움 반이 있고, 재임 중 100세 시대를 대비한 은퇴 후의 노후 준비를 미리 시작하지 못한 점이 아쉬웠다. 인생 2막 어떻게 시작할까?

03

# 한 우물만 파는 시대는 끝났다!

꿈과 희망, 열정과 긍정의 에너지, 자신감을 가지고 새로운 시작을 하자는 결심이 선다. 국민의 생명과 신체 및 재산을 보호하고, 자유와 권리 보호를 위하여 범죄의 예방 등 위해방지와 사회공공의 안녕과 질서유지, 국가안보 유지를 임무로 한 전직 경찰공무원의 인생 1막을 뒤로하고, 퇴직 후 새 출발은 사회복지학을 주축으로 교단에서 후학을 가르치고, 삶의 현장에서 경제활동도 하면서 더 큰 꿈을 가지고 또 다른 삶의 이정표 같은 역할을 위해 강사의 길을 선택했다.

이젠 '한 우물만' 파는 시대는 끝났다! 한계를 거부하는 다재다능함의 힘을 발휘해야 하는 현대에서의 직업적 다양함을 추구하기는 어렵지만, 지식을 향해 멈출 줄 모르는 열정과 불굴의 탐구심, 상상력, 개방적 사고, 겸손함을 모두 갖춘 사람이야말로 진정한 폴리매스라고 할 수 있다.

현실은 우리의 정신, 생활방식, 사고방식, 문화, 사회가 전문화 시스템에 매몰되어 있다 보니 인간은 당연히 한 가지 일에 집중해야 하는 줄로 알고 있다. 전문화 시스템이 뿌리 깊게 자리 잡은 사회에서 서로 분리된 채 지내는 사람들은 세상에 관해서도, 세상에서 차지하는 자신의 위치에 관해서도 제대로 파악하기 쉽지 않다.

매니저는 관리할 수 있는 문제들을 해결하고, 리더는 알려지지 않은 문제들을 해결한다. 리더는 필시 박식하고 다재다능한 사람이어야 한다. 한 가지 분야에 고도로 전문화된 전문가는 팀으로 일하면 되고, 팀의 리더는 여러 분야 사이에 교량 역할을 할 줄 알아야 한다.

우리는 각 분야의 전문가인 학자, 교육행정가, 의사, 예술가 등이 자기 전문분야를 넘어 폴리매스를 꿈꾸기 어려울 뿐만 아니라 육성하려고도 하지 않고 현실적으로도 힘든 일이나. 분업화와 전문화 시스템은 자율적이고 개방적인 사고를 하지 못하도록 우리를 구속한다. 최적의 자아를 발견할 기회를 방해한다. 나아가 자기를 온전히 실현하고 자기만의 방식으로 인류에 기여할 수 있는 잠재력을 억압하고 있다.

앞으로 우리 인류는 AI(인공지능)에 많은 부분의 전문성 일자리를 내주게 될 수도 있다. 이러한 미래 변수에 다재다능함을 요구하게 될지도 모를 일이다.

공직생활을 마무리하고 휘파람을 부는 인생 5장에서의 활약과 새로운 나를 찾는 삶에서 끊임없이 배우지 않으면 인생 낙오자가 될 것 같은 두려움이 몰려온다. 배움에는 후퇴가 없다. 미래의 새로운 변화에 동참할 수 있도록 의식을 일깨우는 여행을 떠나면서 진정한 역사 속의 폴리매스•를 꿈꾼다.

• 폴리매스(Polymath)란, 사전적 의미로는 '박식가'를 뜻한다.

04

# 노년에 배우면 헛되이 죽지 않는다

지식은 책에서 배우고, 지혜는 자연에서 배워라. 공부가 아무리 힘들어도 무식한 설움보다 덜 힘들고, 돈 버는 게 아무리 힘들어도 가난한 설움보다 덜 힘들다. 세월의 무게를 거스를 수는 없다. 어둠을 탓하지 말고 촛불을 켜라. 자신의 성장을 통해 더 나은 세상을 만드는 건 한 사람의 힘이다. 여기까지 잘 왔다. "나는 내가 정말 좋다." 스스로 자존감을 높이자. 맛있는 감은 몰래 따 먹는 감이 맛있는데 더 나은 감은 '자신감'이다. 배우지 않은 사람은 비포장도로 인생을 가고, 배운 사람은 포장도로 인생을 달린다. 세상에 가장 지혜로운 사람은 끊임없이 배우는 사람이다.

젊어서 배우면 장년에 성취하고, 장년에 배우면 노년에 쇠하지 않고, 노년에 배우면 헛되이 죽지 않는다. 시도하지 않으면 아무것도 얻을 수 없다. 성공은 시작한 사람에게 찾아오는 선물이다. 꿈, 보람, 변화를 주는 희망찬 명강사 과정에서 글을 쓰고 있다. 기회는 찾아오는 것이 아니라 만들어 내는 것이다.

배운다는 것은 희망을 노래하는 것, 앞으로의 할 일, 나아갈 길을 찾는 것이다(간디). 인생이란 수많은 선택을 모아 놓는 것, 교육을 통해서 직장에서 사회에서 어떻게 뿌리를 내릴 것인가? 세상엔 좋은 사람이 더 많다. 나라에 역사(History)가 있듯이 개인도 인생사(Life History)가 있다. 노인이 죽으면 도서관이 하나 없어진다는 말이 있다. 나이 먹으면 동안? 동심! 얼굴만 동안? 어른들은 많은 것을 따지고 잰다. 아이들처럼 동심에서 서슴없이 참여하고 역사 속에서 뭔가 해 보겠다 하면 역할과 영역이 넓어질 것이다.

나는 누구인가? 인생을 돌아보게 한다. 나는 어떤 사람인지? 어떻게 살아야 하는지? 나는 무엇을 잘할 수 있는지? 뭘 좋아하는지? 뭘 갖고 싶은지? 기여할 수 있는 것은? 삶의 성공은 의미 있느냐 없느냐? 운명의 결정적 요소는 능력이 있느냐 없느냐가 아니라 어떠한 것을 하려고 했느냐이다. 하려는 자에게 능력이 있다. 무엇이 됐느냐가 중요한 것이 아니라 어떻게 살아왔느냐가 중요하다. 인생의 승부는 무덤 앞에서 정해진다. 순간순간 일희일비(一喜一悲)하지 말자.

내 삶 속에서 가슴이 뛰고 있다. 의미를 부여하자. "나는 나의 성장을 통하여 더 나은 세상을 만들고 있다." 힘들게 왜 이런 일을 하는가? 무엇보다 내 가슴을 뛰게 하였다(한비자). 지금 이 순간이 인생을 결정한다. 내 삶 속에서 늘 가슴이 뛰는가? 꿈이 있는 자는 열정이 있고 에너지가 많다. 배움의 가치는 행복, 행운, 영광, 살아 있는 보람이다.

밥하는 것이 힘들다? 그러나 의미를 부여하면 가족의 건강, 미래, 자신이 하는 일에 소중함을 느끼고 사명으로 여기며 자존감이 높아가고 값진 인생이 된다. 나이가 벼슬이 되면 안 된다. 힘이 될 수 있도록 나이가 아닌 열정으로 살자. 냄비가 있어도 불이 없으면 음식이 안 되듯이 열이 있어야 한다. 촛불은 바람에 꺼져도 반딧불은 폭풍에도 꺼지지 않듯이 내면의 불꽃, 열정은 남의 힘으로 켜지게 할 수 없다. 열정이 바로 청춘이다.

인생은 초반, 중반, 종반이 없다. 가는 데는 순서가 없다. 내 인생의 디자이너가 되자. 뒤돌아보지 마라. 안 되면 과거가 짐이 된다. 독수리가 부리를 깨고 발톱과 털을 뽑아 30년을 더 살고, 뱀이 껍질을 벗지 않으면 죽듯이 과거 딱지를 떼자. "잘 될 거야." "방법을 바꾸면 된다. 이겨야 해." "인생은 굴복이냐 극복이냐? 너는 할 수 있어!" 인생을 숙제하듯 살지 말고 축제하듯 살자.

'나이 먹어서 됐다'가 아니라 나에게 시간과 돈 투자하여 시작하자 '이만큼 됐다'가 아니라 더 배워야 한다. 세상은 끊임없이 변화한다. 학교에서 배우는 것으로는 부족하다. 평생교육은 시대적 요청이자 교육의 새로운 패러다임이다. 배우고 깨우치는 삶, 학생의 신분으로 살아라(파스칼). 오늘이 내 생애 가장 젊은 순간이다. "인생필사(人生必死), 회자정리(會者定離), 원증회고(怨憎會苦), 구불득고(求不得苦)"라는 4가지의 인생 지혜를 가지고 가치 있는 삶, 60대 이후 은퇴 없는 평생 현역으로 사는 멋진 인생을 살자.

다음은 자주 되뇌는 미국의 세 분 대통령의 영적 멘토인 신학자 나인홀드 니버의 기도문이다.

신이여, 바라옵건대 제게 바꾸지 못한 일을 받아들이는 차분함과 바꿀 수 있는 일을 바꾸는 용기와 그 차이를 늘 구분하는 지혜를 주시옵소서
하나님! 내가 변화시킬 수 없는 일에 대해서는 그것을 받아들일 수 있는 평정함을 주시고 내가 변화시킬 수 있는 일에 대하여는 도전할 수 있는 용기를 주시옵소서
그리고 이 두 가지 차이를 알 수 있는 지혜를 주시옵소서
하루하루를 성실하게 살아가게 하시고 순간마다 즐기며 살아가게 하옵소서
곤란한 일을 당할 때면 평화로 가는 통로라고 생각할 수 있게 하옵소서
죄악이 많은 이 세상을 있는 그대로 받아들이게 하시고, 내가 원하는 그 모습으로 생각지 말게 하옵소서 우리 함께하는 모두에게 지혜를 주시어 더욱 발전하는 삶이 되길 기도합니다.
아멘!

05

# 노년의 삶은 비움의 미덕이다

노인의 건강 상태가 삶의 만족도에 미치는 영향이 크다. 건강을 지키는 것은 기본으로 육체적 건강에 앞서 정신적 심리적 건강이 중요하다. "지나친 모든 것은 자연을 거스르는 행위다. 우리 삶에서 가장 귀한 것은 건강이다. 최고의 운동은 걷기이고 최고의 약은 웃음이다."(히포크라테스) 자신에게 맞는 신체활동을 즐겁게 꾸준하게 하는 것이 장수의 핵심 비결이다.

나이를 잊고 살자. 우리나라 사람들은 만나면 서로 나이를 묻는다. 나이는 숫자에 불과하다. 공부상 '호적 나이'가 있고, 집에서 쓰는 '나이(띠)'가 있으며, 자신의 사회적 역할로 삶의 만족도가 높은 '사회적 나이' 그리고 젊고 건강해 보이는 '신체적 나이'와 자신이 스스로 느끼고 있는 '심리적 나이', 5가지가 있다. 정신적인 건강은 심리적 여백의 아름다움이 있어야 한다.

인생 말년은 누구에게나 오게 마련이지만, 삶의 종착지보다 순간순간의 과정과 경험이 중요하다. 우리의 아름다운 청춘도 화려했던 시절도 모두가 부질없고 일장춘몽에 불과하다.

인생의 의미는 무엇일까? 권력과 돈, 여자를 다 가진 남자였던 솔로몬도 인생 말년에 이렇게 한탄했다. "헛되고 헛되며 모든 것이 헛되도다. 인생은 헛되도다." 절대 권력으로 이스라엘을 40년간 다스리면서 처첩을 1천 명이나 거느리고 살았던 솔로몬은 역사상 가장 지혜로운 군주로 평가된다. 그가 남긴 세 가지 격언은 살아가는 데 새겨들을 만하다.

첫째는 메멘토 모리(Memento mori), 즉 언젠가는 죽는다는 것을 기억하라. 둘째는 겸허하라. 셋째는 카르페 디엠(Carpe diem), 즉 현재를 누리라.

역사상 가장 큰 제국을 건설했던 몽골 제국의 창업자 칭기즈칸은 유럽을 점령하여 인류문화를 송두리째 바꾸었다. 그는 리더십에 관한 명언을 가장 많이 남긴 군주이기도 하다.

"가난하다고 말하지 말라. 아홉 살 때 아버지를 잃고 마을에서 쫓겨나 들쥐를 잡아먹으며 연명했고, 목숨을 건 전쟁이 직업이며, 배운 게 없다고 탓하지 말라. 나는 내 이름도 쓸 줄 몰랐으나 남의 말에 귀 기울이면서 현명해지는 법을 배웠다."

"적은 밖에 있는 것이 아니라 바로 내 안에 있다. 나를 극복하는 그 순간 나는 칭기즈칸이 되었다. 세계 정복을 달성하기엔 내 생이 너무

짧았다.”

두 번째로 큰 제국을 건설한 알렉산더 대왕의 진격은 거침없었다. “두려움을 정복하는 자가 세계를 정복한다!” 세계의 끝을 보겠다는 열망으로 대제국을 건설해 나가던 그는 인도 침공을 앞두고 병석에 눕더니 마음 약한 소리를 했다. “내가 죽거든 관 밖에 손을 내놓아 남들이 볼 수 있게 하라.” 천하를 호령하던 그도 떠날 때는 빈손으로 가는 인생의 허무를 보여주었다.

세 번째로 큰 제국을 건설한 이는 나폴레옹이다. 그 역시 숱한 명언을 남겼다.

“1퍼센트의 가능성, 그것이 나의 길이다. 나의 사전에 불가능이란 단어는 없다. 펜은 칼보다 강하다.” “인생에서 가장 중요한 것은 실패했다고 낙심하지 않는 것이며, 성공했다고 지나친 기쁨에 도취하지 않는 것이다. 비장의 무기는 아직 나의 손에 있다. 그것은 희망이다.”

이 불세출의 영웅도 최후에는 인생의 허무함을 보여주었다. 그는 남대서양 세인트헬레나섬의 감옥에서 쓸쓸히 숨을 거두었다.

결국, 노년 시대에서는 삶에 대한 관조, 세월의 흔적에 대한 성찰, 삶의 무게에 대한 담담한 응시, 삶에 대한 달관, 무상, 허정, 비움을 준비하는 자세로 빈손으로 왔다가 빈손으로 간다는 숙연함을 체감해야 한다. 노년의 삶은 여백과 비움의 미덕을 실천하는 것이다. 뱁새가 집 짓는 데는 나뭇가지 하나면 되고, 생쥐가 황하강을 마시지만 배 채우면 그만둔다. 그저 태어난 대로 그것을 받아들이며 자연 속의 주어진 시간과 공간 안에서 무위로 일관하는 것이 진정으로 행복한 삶을 사는 것이라는 장자의 행복론을 다시금 생각해 본다.

노년은 그동안 모은 돈을 즐겨 쓰는 시기이다. 내가 쓰는 돈이 내 돈이다. 은행에 있는 돈은 은행 돈이다. 돈을 축적하거나 신규 투자하는 시기가 절대로 아니다. 자식들에게 휘둘리지 말고 평화롭고 조용한 삶을 찾자. '옛날 그 시절에'라는 과거인 표현을 절대 사용하지 말고 이 시대를 사는 사람으로 동참하자. 말은 적게 하고 남의 말을 잘 경청하는 사람이 되자. 노쇠에 따르는 불편함을 고통으로 생각지 말고 당연한 것으로 자연스럽게 수용하라. 늙는 건 잘못이 아니라 세월 탓이다. 남이 나에 대해 한 말이나 나를 어떻게 생각할 것인지에 신경 쓰지 말고 휴식하며 평화롭고 행복한 시간을 가질 때이다.

성공·건강·사랑은 그동안 삶의 여정에서 능력이 있어서, 스펙을 쌓아 봉급이 올라 부를 쌓아서가 아니라 '세상으로부터 선물' 받은 것이다. 성공의 길은 원하는 목표의 방향과 방법을 알고 효율적이고 효과적인 선택을 한다. 간절히 원하면 이루어진다는 쥴리의 법칙도 긍정적인 환상이나 맹목적인 믿음을 가지는 것만으로는 이 힘이 작용할 수 없다. 일상에서 작은 것에 감사하고, 비우고, 배려하는 노년의 삶이 미덕이다.

06

# 휘파람을 부는 2막 5장

행복은 어디에 있을까? 특히 인생 2막 5장, 노년의 행복은 어디에 있을까?

노년의 행복은 뭐니 뭐니 해도 건강에 있다는 생각이다. 그렇다면 건강하다는 의미는 뭘까? 매일 하루에 1만 보를 걷거나 주말마다 1천 미터가 넘는 산에 오르면 건강한 걸까? 또는 매일 팔굽혀펴기를 100개씩 한다거나 턱걸이를 50개씩 하면 건강한 걸까? 혹 부부생활을 왕성하게 하면 건강하다고 할 수 있지 않을까? 물론 이런 것들도 다 건강하다는 증표가 되겠지만, 무엇보다 "아프지 않은 것"이 진정으로 건강하다고 할 수 있지 않을까.

여기서 한 걸음 더 나아가 우리는 어떨 때 행복한 걸까? 없던 돈이 10억쯤 생기거나 바라던 감투 하나가 뚝 떨어지면 행복한 걸까? 물론 이런 행운이 오면 잠시 행복해할 수도 있겠지만, 그도 잠깐이다. 무엇보다 현재 "불행한 일이 닥치지 않은 것", "괴롭지 않은 것"이 행복한 것이다. 몸과 마음이 병들지 않고 아프지 않은 사람, 이런 사람이 진정으로 행복한 사람이 아닐까.

100세 시대 은퇴 대사전에 따르면 70세 이상 노인 1,477명을 10년 동안 추적 조사한 결과, 친구 관계가 좋은 은퇴자가 그렇지 않은 은퇴자보다 22% 정도 더 장수하였다. 대화할 상대와 어려울 때 의지할 수 있는 친구가 있으면 은퇴 후 생활이 덜 외롭고, 생물학적 두뇌 활동과 면역체계가 활성화되기 때문이라고 장수 이유를 분석했다.

하버드대학교에서 1938년부터 75년에 걸쳐 724명을 대상으로 실시한 행복의 비결에 관한 연구 결과에 의하면 행복의 비결은 '좋은 관계를 유지하는 것'이었다.

친구는 내 인생을 완성하기 위해 필요한 과거 기억의 증인이 되어 내 인생의 비어 있는 나머지 퍼즐들을 채워준다. 그래서 '친구 없는 일생은 증인 없는 죽음'이라고도 말한다. 친구는 동일한 시대를 살아가면서 느낄 수 있는 희로애락을 공유하면서, 미래에 대한 꿈도 나눌 수 있는 사이이다.

따라서 친구는 나의 과거, 현재, 미래 즉 평생 내 인생의 일부분인 소중한 관계다. 친구라는 말만 들어도 마음이 따뜻해진다. 친구와 관련된 한자 성어들도 많다.

- **금란지계** 사이좋은 벗끼리 마음을 합치면 단단한 쇠도 자를 수 있고, 난의 향

기처럼 아주 친밀한 관계

- **관포지교** 춘추시대 제나라의 관중과 포숙의 사귐으로 영원히 변치 않는 참된 우정
- **문경지교** 목을 벨 수 있는 벗이라는 뜻으로 생사를 같이 할 수 있는 매우 소중한 벗
- **수어지교** 고기가 물을 떠나서 살 수 없는 것과 같은 친밀한 관계로 유비와 제갈량의 사이를 빗댄 말
- **막역지우** 서로 거스르지 않고 허물없이 친한 친구를 뜻하며 천지의 도를 깨달은 사람 간의 교류
- **죽마고우** 함께 죽마를 타던 벗으로 어릴 때부터 같이 놀며 자란 친한 벗을 일컫는 말
- **지란지교** 지초와 난초같이 향기로운 사귐으로 벗 사이의 맑고도 높은 사귐

그러니 인생 2막 5장에 가장 필요한 것은 건강과 허물없이 만날 수 있는 보석 같은 친구들이다.

행복에 대해 더 말하자면, 행복은 남과 비교하지 않는 데서 싹튼다. 행복은 주관적으로 느끼는 안녕감이다. 행복은 파랑새여서 잡으려 하면 잡히지 않는다. 행복은 늘 추구하는 거라서 추구권이다(토마스 재퍼슨: 인간의 행복추구권과 자유권보장). 우리가 늘 행복을 갈구하면서 행복해지지 않는 것은 행복을 밖에서 찾기 때문이다. 멀리서 찾느라 헛고생하면서 남 탓을 한다.

어떻게 하면 행복할까? 행복은 내 안에 가까이에 소소한 데에 있다. 행복은 내가 만들어 가는 것이지 누가 덥석 안겨주는 것이 아니다. 희망과 긍정적이고 낙관적인 습관, 자아효능감과 회복 탄력성, 특히 무엇인가 몰입할 때, 명상, 음악, 운동, 함께 목표를 향해 가는 과정에 노력해서 얻는 성취감은 행복하다. 좋은 사람들과 함께하면 행복하다. 에너지가 오래간다.

일에서의 성공도 행복을 준다. 성공은 관계에서 시작된다. 만남에 대한 책임은 하늘에 있고, 관계에 대한 책임은 사람에게 있다. 국가나 개인이나 흥망성쇠는 관계(국가는 외교관계, 개인은 인간관계)에서 이루어진다. 당신과 나의 만남은 지구상 인구의 79억분의 1로서 신이 내려준 선물이다.

우리는 집 밖에 나오면 5가지 부류와 만난다.

첫째는 이념이 일치된 사람이고, 둘째는 이윤추구 차원에서 서로 만난다. 셋째는 사랑에 국경이 없듯이 남녀관계이고, 넷째는 인간은 사회적 동물로서 조직인이다. 과거의 동문, 모임, 직장 등. 다섯 번째는 고향 사람이다.

처음 만나서 실수하면 뺨을 맞는다. 이와 같은 수많은 사람 관계에서 과연 누가 더 가깝고 먼 관계일까? 나의 비밀을 가장 많이 아는 사람이 제일 가깝다고 한다.

아무리 많은 사람을 만나도 관계 유지와 관리에는 한계가 있다. 영국 문화 인류학자 로빈 던바의 법칙이 있다. 아무리 마당발이라도 진정한 인맥은 150명 정도로 원시 부족 형태 마을의 구성원도 150명 안팎이다. 영장류 원숭이와 침팬지 등의 연구 결과도 그중 12~15마리가 공감 집단이 되며, 스포츠팀 등도 비슷하며 예수 제자도 12명이다.

한 번뿐인 삶이다. 후회 없는 삶을 살자. 사형 집행 직전에 기적적으로 살아난 도스토옙스키는 "5분의 인생은 신의 선물이요, 일상이 기적"이라고 했다. 그는 그때 동생한테 보낸 편지에서 이렇게 썼다. "지난날을 돌이켜보고 실수와 게으름으로 허송세월했던 날들을 생각하니 심장이 피를 흘리는 듯하다. 인생은 신의 선물, 모든 순간은 영원의 행복일 수 있다는 것을 조금 젊었을 때 알았더라면… 이제 내 인생은 바뀔 것이다. 다시 태어난다는 말이다."

지금까지 가족을 위해 살아왔고, 남들에게 잘 보이려고 살아왔는데 이제 나에게 투자할 수 있는 시간이 노후 준비이고 행복한 노후의 삶이다.

내 삶의 마침표를 어떻게 찍을 것인가? 언어에도 온도가 있다. 하늘을 혼자 못 지키듯이 온기를 나누는 행위, 말은 종종 현실과 공명한다. 고수는 소리 없이 강하지만, 하수는 소란스럽다.

『장자』의 「달생」 편에 기성자의 싸움닭 이야기인 목계(나무 닭) 이야기가 나온다. 왕이 세상에서 가장 용맹한 닭을 조련시켜 보내라고 명령한다. 천하무적의 닭들이 모인 가운데 고개를 꼿꼿이 들고 앞만 쳐다보는 뻐대가 가는 빈약한 닭이 있는데 적이 덤벼도 미동도 하지 않는다. 흔들리지 않고 의연한 닭 그 목계의 교훈으로 둔감력을 바탕으로 유연하게 휘두를 때 말의 품격은 더해지고 힘은 배가된다. 둔감력은 좌절감을 극복하는 마음의 근력 또는 힘을 의미하는 회복탄력성과 같은 단어이다.

지혜로운 사람은 유지하면 되니 변할 필요가 없고, 어리석은 사람은 변할 필요를 느끼지 못해 변하지 않는다. 지혜로운 자는 자신이 모르는 것을 아는 자이고, 어리석은 자는 자신이 모르는 것을 모른다.

어제는 역사요, 내일은 신비요, 오늘은 선물이라고 했다. 지난 과거 생각보다는 미래를 향해야 한다. 사람들은 무엇을 위해 사는지? 열정과 꿈, 희망을 통해 건강과 행복을 찾는다. 나이가 문제라고 생각하는 순간에 우리는 늙고, 우리가 할 수 있다고 생각하는 순간에 젊어진다.

자신감만큼 젊어지고, 두려운 만큼 늙으며, 열정이 있는 한 결코 늙지 않는다고 한다. 따라서 '노병은 죽지 않는다. 아직은 사라질 때도 아니니다. 인생은 나이로 늙는 것이 아니라 나이는 숫자에 불과하다. 다만, 꿈이 사라지고 목표의식이 없어지면 주름이 늘고 영혼을 늙게 한다.'고 한다. 어떤 상황에서도 단순히 받아들이면 좋은 것도 안 좋은 것도 없다는 것을 알게 되고, 바라는 것이 없고 두려워하는 것이 없으면 생로병사를 정복한다고 한다.

월요일 저녁, 고대 명강사 수업이 있는 날이다. 즐겁고 행복하다. 조용한 새벽 오늘도 새날이 밝아온다. 일과 삶의 행복이다. 하루하루가 기적 같은 아름다운 세상이다. 이 세상 소풍 끝나는 날까지 휘파람을 부는 인생에서 나는 2막 5장(새로운 공부, 학위 취득, 잡(job), 강의, 컨설팅)을 통해 행복을 꿈꾼다.

**참고 문헌**


- 고려대 명강사 최고위과정 13기, 『고려대명강사』, 휴먼더보이스, 2021.
- 고려대 명강사 최고위과정 15기. 『작은 이야기 큰 이야기』, 나비의 활주로, 2022.
- 서일정 대표 강사 외 15인, 『고려대명강사 최고위과정 16기 교재』, 고려대학교 평생교육원, 2022.
- 이언영 저, 『스타일은 권력이다』, ㈜라온아시아, 2022.
- 와카스 아메드 저/이주만 옮김, 『폴리매스(POLY MATH)』, ㈜로크미디어, 2022.
- 정재완 저, 『행복한 노후 매뉴얼』, 모아북스, 2022.

# PART 6

# 나

# 남궁숙


**Mobile**
010-2541-6950
**Email**
nksjj@hanmail.net


## 학력 및 경력사항

- 한국방송통신대학교 유아교육학과 졸업
- 성신여대대학원 보육학과 석사 졸업
- 전 지성어린이집 원장
- 고려대 명강사 최고위16기 과정 수료
- 경희사이버대 실용음악학과 회장
- 경희사이버대 행사국장
- 서울시 교육청 운영위원
- 현 푸른금천우쿠렐레 동아리 회장
- 현 독산1동주민자치위원
- 현 닥터리(이영만) 매니저
- 현 케이엔제이 글로벌홍보대사
- 어린이집 원장

## 자격 사항

- 명강의 명강사 1급
- 사회복지사 2급(보건복지부장관)
- 심리상담사 1급(한국심리상담개발원)
- 보육교사 1급(보건복지부장관)
- 레크레이션지도사 1급(국제행복미래연구소)
- 인성지도사 1급

## 수상 경력

- 서울시의장상표창, 국회의원표창

## 저서

- 명강사 25시(공저)

01

# 살아 있는 나

아침마다 자고 일어나면 살아 있는 나를 발견한다. 지금까지 54년을 살아왔지만 하루하루가 너무 감사하고, 사람들을 만날 때마다 살아 있는 나를 발견한다. 언세부터인가 살아 있는 나를 발견하곤 한다.

10대의 어른이 되고 싶어서 어른 흉내만 내고 살았던 생활

20대의 어른이 되고 싶어서 어른이 된 시절

30대의 가정생활과 직업

40대의 어린이집 집중

50대의 세상 밖으로 나오다

어릴 때부터 하고 싶은 것은 뭐든지 하고야 마는 나의 야심 찬 생각에 우리 엄마는 나에게 투자를 잘해 주셨다. 그런데 지금의 나는 아이

에게 투자를 잘 해주었는지 의문이 든다. 지금 50대에 너무 바쁘다고 생각하고, 나 혼자만의 생각으로 쌓여있어서 스스로를 돌아보지 못하고 살지만, 이제의 나와 오늘의 나는 내일이면 없어진다. 사람들은 과거가 있어서 현재의 본인이 있다고 이야기한다.

맞는 말이다. 하지만 어제와 오늘에 계속 얽매이다 보면 미래를 세팅할 수가 없다. 하루가 일주일이 되고, 일주일이 한 달이 되고, 한 달이 모이면 일 년이 되듯이 어제-오늘-내일로 나는 변화해간다.

요즘은 경희사이버대 실용음악학과에 들어가서 음악 공부를 해 본다. 내가 알지 못하던 여러 가지 악보를 접해보면서 업그레이드를 해 본다. 여러 친구들도 만나보고 임원 활동도 하면서 여러 지방에 있는 학생 대표들도 만나본다. 우물 안 개구리였지만, 사이버로 여러 친구들을 만나보니 정말 성실하고, 훌륭한 친구들이 많은 것을 느낀다.

도시농부를 통해 알게 된 박경석 회장님을 통하여 고대 명강사 과정을 들어가게 된다. 이곳에서의 수업은 정말 태어나서 처음 접해보는 수업이다. 매주마다 실력 있는 강사님들을 초청해서 수업을 듣다 보면 한층 업그레이드된 나를 발견하곤 한다. 좋은 친구들이다. 나에게 멘토도 있다. 서로에게 주고 싶어서 맛있는 것을 나누어 주고, 식사를 대접하고, 서로에게 책도 사주고, 서로를 위하는 마음이 사랑이 어찌나 깊은지 정말 꼭 껴안아 주고 싶어진다. 졸업할 즈음에는 모두를 가슴으로 꼬오옥 안아줄 것이다.

*"세상에서 성공하기 위해서는 바보처럼 보이는 가운데서 실리를 취하지 않으면 안 된다."*

*- 몽테스키외*

사람들은 보통 다른 사람들을 대할 때 세 가지 유형 중에서 하나를 취한다고 한다.

첫째, 나에게 꼭 필요한 사람으로 우호적인 관계를 이야기할 사람 둘째, 있어도 좋고 없어도 좋은 사람으로 굳이 적극적인 관계를 맺지 않아도 되는 사람 셋째, 함께 있으면 좋지 않은 사람으로 가급적 만남을 피하고 싶은 사람이다. 나는 어떤 유형의 사람일까?

현재 자신이 알고 있는 사람들의 이름을 종이에 적어보라. 종이에 적은 사람들과 나빠지는 관계인지, 보통 관계인지, 좋아지는 관계인지, 내가 회피했는지, 상대가 회피했는지 체크해보라. 가정에서나 직장에서 특히 가까워져야 할 관계가 점점 나빠지고 있지 않은지 잘 체크해보라. 직장에서는 잘하면서 가정에서 잘 못하는 것도 문제이지만, 직장에서 상사에게는 잘하면서 동료에게는 믿음을 주지 못하는 것도 문제가 된다.

관계를 좋게 하는 3단계 방법이 있는데, 인간관계를 돈독히 하려면 가까이하기, 알리기, 그리고 장애물 없애기를 하는 것이다. 특히 우리의 마음에서 정리해야 할 것은 그 사람이 나를 싫어하는 것이 아닐까 귀찮게 하는 것이 아닐까 하는 부정적인 생각이다.

겸손은 인간관계의 버팀목이다. 좋은 인간관계에서는 겸손이 요구된다. 너무 잘난 척하면 유리에 금이 가듯이 관계에 금이 간다. 자신을 낮추면 여유가 생기고 대화의 밀도가 높아지고 편안한 느낌을 줄 수 있다. 편안한 느낌은 좋은 대화의 시작이 된다.

11자로 된 가장 중요한 말: 제 실수였음을 인정합니다.

10자로 된 가장 중요한 말: 정말이지 잘하셨습니다.

9자로 된 가장 중요한 말: 보시기엔 어떻습니까?

6자로 된 가장 중요한 말: 부탁드립니다.

5자로 된 가장 중요한 말: 고맙습니다.

3자로 된 가장 중요한 말: 우리는

가장 중요하지 않은 말: 나는

*"조금만 관계가 깊어지면 방심하게 된다. 근엄하게 딱딱하게 말하지 말고, 위트를 섞어가며 새로운 매력과 열정을 보여주어야 한다."*

*-『좋은 습관을 만드는 언어의 힘』 중에서*

02

# 산소 같은 나

사람들은 나를 산소 같은 여자라고 부른다. 산소통을 가지고 다니느냐는 말도 우스갯소리로 하는데 그것도 맞는 말이다. 내가 하는 모든 언어는 만나는 사람에게 산소를 부어주기 때문이다. 나를 만나는 사람들은 "힘이 된다." "웃음이 나온다." "많은 위안이 된다." "삶의 활력소가 된다."라고도 한다.

나는 자격증이 국가자격증과 민간 자격증을 합하여 50개가 넘는다. 하나둘 따다 보니 이렇게 많아졌다. 어린이집을 운영했을 당시 엄마들의 친구이자, 언니이자, 동생이자, 선생이자, 멘토인 나의 모습을 보면서 엄마들의 가려운 부분을 긁어주고, 문질러주는 존재라며 엄마들은 너무너무 고마워했다.

집이 없는 세 가정에는 엘에이치에서 공급하는 아파트를 해주기도 했었다. 안 되는 것을 되게 했을 때 너무 뿌듯하다. 마치 치과에서 치아가 너무 아플 때 의사 선생님을 통하여 아픈 이를 뺐을 때 시원한 느낌과 같을 것이라 생각한다.

어린이집의 학부모가 다리가 아파서 수술을 해야 하는데 경제적으로 어려움을 느낄 때 구청의 사회복지과 도움으로 양쪽 다리 수술을 받도록 도와주었다. 이후 건강하게 잘 걷는 모습을 보면서 행복했다. 그때 느낀 나의 만족감이란 무엇이라 형용할 수 없을 만큼이었다.

10년 전 수요일 예배 반주를 하는 날에 우리 학부모가 하늘나라 갔다는 소식을 접했을 때도 나는 우리 시흥 5동 송재근 동장님께 도와달라고 했다. 그래서 구청 복지지원과에서 장례비를 지원해주셨고, 장례도 무사히 마칠 수 있었으며, 임대 아파트도 잘 되어서 입주까지 하게 되었다. 민관군이 합치면 뭐든지 잘 해결될 수 있다는 생각이 든다.

주위 사람들은 나를 보면 양파 같다고 한다. 나를 알면 알수록 신비하다고 붙여준 별명이다. 어떨 때는 속이 깊다고도 하고 어떨 때는 이해할 수 없다고도 한다. 4차원 사람이라고 하는 사람도 있다.

요즈음 고려대학교 평생교육원 명강사 최고위 과정을 다니고 있는데 나의 짝꿍 장춘희 언니도 함께한다. 충청도 천안에서 다니고 있는데 그 열정이 참 대단하다. 4개월이나 다녀야 하는데 만약 내가 장춘희 언니였다면 지원을 했을까?

춘희 언니는 꿈을 먹고 사는 사람인 것 같다. 고된 일상을 마치고 먼 길도 마다하지 않고 고려대 명강사 최고위 과정도 결석하지 않는다. 한 주 한 주 수업을 할 때마다 나도 함께 꿈을 키워간다.

요즘 나는 신바람이 난다. 나는 오늘도 천안에 다녀온다. 하늘 아래 가장 살기 좋은 동네~ 나도 천안에서 살고 싶다. 왜일까? 사랑하는 사람이 살고 있어서.

이영만 회장님의 '엄마의 노래'를 들으면 가슴이 찡하다. 엄마 생각이 난다. 가사가 구슬프다.

추석은 고향이다. 시간이 걸어가면 밝히는 어린 시절
허물어져버린 고향집 꿈속에도 그립다
부엌 아궁이 뒤뜰 장독대
불 지피고 넘나들던 어머니 아버지
뒷간 냄새 향기롭게 피어오른다.

태어나고 뛰어놀던 흔적도 떠나가고
그림자 속에 사라진 고향집 연기
동네 골목길 친구들의 웃음소리
고향 땅 냄새 고향 하늘 냄새
산마루 넘어 어디로 올라갔을까

어느 집도 삼시 세끼 넉넉지 않아도
배고픈 줄 몰랐던 고향 동무들
뒷산에 지게 지고 올라 나무하고

시냇물 따라 냇가에서 피라미 잡고
돌아오지 않는 벌거숭이 어린 시절

지금은 어느 하늘에 걸려 머물고 있을까
눈에 선하게 떠오르는 동네 친구들
깊은 가슴속 배부른 추석
보름달 아래 술래잡기 하자고
그 고향 냄새 오늘 밤 배부르게 눈에 차오른다.

동네 어귀 키 큰 미루나무 흔들던 소슬바람
지금 어디서 불고 있을까
이 거리 저 거리 헤매고 다녀도
언제고 돌아갈 그리운 내 고향 품속
높은 밤하늘에 총총한 별 무리
올 추석에도 살아 오른다.

공교롭게도 천안에는 내가 사랑하는 사람들이 여럿 있다. 천안이 좋아서도 가지만 좋은 곳에 좋은 사람이 있어서 더욱 좋다. 세상은 더불어 살아가기에 살 만한 것 같다.

03

# 나누고 베푸는 나

올해 4월에 엄마는 하늘나라로 가셨다. 슬프지만은 않다. 엄마는 하늘나라에서 예쁘게 봉사하면서 살고 있는 나를 잘 보살펴주기 때문이다. 우리가 이 세상에서 살 때 너무 아등바등 살 필요가 없다는 것을 느꼈다. 교통사고가 난 이후로 제 2의 인생을 다시 살고 있다. 모든 사람들은 내가 속이 없거나, 바보 같다고 말한다. 하지만 나에게는 '한 개를 주면 두 개를 얻는다'라는 신념이 있다.

부모님의 이웃에 대한 사랑이 나에게 고스란히 유전되어서 나는 이웃에게 베풀지 않으면 몸이 근질근질한 이상한 병이 생겼다. 그래서 시골에서 올라오는 음식, 주변에서 주시는 음식들을 주위 사람들에게 베풀곤 한다. 이웃에겐 나름 부드럽고 나 자신에겐 좀 강하게, 지금까지 그렇게 살고 있다.

많은 꿈을 이루기도 하고 실패하기도 했지만 그래도 조금씩 이루어나가고 있다. 매주 월요일마다 우쿨렐레를 가르치고 있었다. 수요일마다 우쿨렐레 동아리 모임을 하고 있는데 함께 배우는 분들이 또래부터 70이 넘으신 분들까지 다양하다.

나는 좀 더 전문적으로 배우고 가르치고 싶어서 경희사이버대학교 실용음악학과에 입학하여 음표, 박자, 쉼표, 악상 기호 등을 배우고 있다. 이 또한 내가 후회하기 싫어서이다. 그리고 많은 분들께 희망을 선물하고 싶어서이다.

사람이 눈으로 바라보지만, 눈으로 보이는 것이 전부가 아니라는 것을 보고 느끼고 있다. 눈은 인간의 몸 중에서도 가장 소중한 것임을 친구를 통해 느끼게 되었다. '몸이 천 냥이면 눈은 구백 냥'이라는 말이 있는데 최근 친구가 눈 수술을 했다. 요즘 라식 수술하는 사람이 점점 늘어나고 있다. 헨드폰과 컴퓨터 등 너무 가까이 보는 것도 한몫한 것 같다.

나는 즐기면서 사는 편이다. 있으면 퍼 주고 나누어 주기를 좋아하는 편이다. 살아가면서 지식도 퍼 주고 지혜도 함께 공유하면서 살아볼 만한 세상 만들기에 일조하는 삶을 만들어 갈 것이다. 나와 내 주위의 모든 사람들이 행복했으면 좋겠다.

PART
7

# 들려줄게,
# 건강 이야기

# 이상진

**Mobile**
010-4589-1348
**Email**
sangjinnzca@naver.com

## 학력 및 경력사항

- 고려대 명강사 최고위 과정 16기 교육부회장, 공저 위원장
- 현 예원 그룹 부회장
- 현 (주)라이징 스타 부회장
- 현 (주)한통 신문사 대기자/ 운영 위원장

## 강의 분야

- 건강, 인문학, 동기부여

## 자격 사항

- 국제 체형 건강협회 정회원
- 국제 체형 관리사 2급
- KBS 바이오 힐링 지도사
- 명강의 명강사 1급
- 리더십 지도자 1급/스피치 지도자 1급
- 인성 지도사 1급
- 평생 교육강사 1급
- 노인 교육강사 1급

## 수상 경력

- 기업체 및 각종 단체 건강 강좌 1000회 이상

## 저서

- 명강사 25시(공제)

01

# 아버지의 빈자리

나 어릴 적 기억 속 아버지는 잔정이라곤 일도 없는 엄부(嚴父)였다. 무면허 한의사, 약사, 침술사, 상담사이셨던 아버지 덕분에 우리 집은 근동에서 방문한 사람들로 늘 북적였다.

급체해서, 발목을 삐어서, 주먹만 한 종기를 달고 오는 사람, 심지어 가정사로 가슴에 화가 뭉쳐 울체 때문에 오는 이도 있었다. 내게는 그토록 엄격하셨던 아버지가 그분들을 대할 때 모습은 환자를 치료하는 자상한 의사 선생님 같았다. 사례비로 일절 돈은 받지 않았다.

그것이 무면허로 장수한 비결이었다. 이것이 돌팔이 의사였던 아버지의 작은 철학이었을 거라는 사실을 깨달았을 때는 이미 이 세상 사람이 아니셨다. 고등학교를 졸업하던 해, 아버지는 일흔의 나이에 폐렴으로 돌아가셨다. 만혼에 어렵게 첫 자식을 얻다 보니 아버지와의 나이 차가 오십 년이다. 졸지에 가장이 되어버린 나는 어린 동생

셋을 건사해야 하는 아버지의 빈자리를 떠맡게 됐다.

어느 봄날, 아버지의 유품을 정리하다가 새로운 것을 발견하게 되었는데 오래된 책 가지들이었다. 동의보감, 침구학 같은 의학서적부터 주역, 명심보감 같은 한학, 일본어로 된 건강 관련된 서적에 아무렇게나 긁적이며 정리해둔 낙서 노트 같은 것도 있었다. 그제야 돌팔이 의사 이 아무개 아버지의 이력이 그냥 만들어진 것이 아님을 알게 되었다. "아이는 아버지의 뒤통수를 보면서 자란다고 했던가?" 어릴 적 소꿉놀이할 때, 내 역할은 주로 침을 놓고 환자를 돌보는 것이었다.

그 시절 우리 형편에 의대는커녕 대학 진학도 사치였다. 가장 역할도 해야 했고 진로도 고민해야만 했다. 어렵게 예비고사 치르고 야간열차 비둘기호를 타고 밤새 달려 난생처음 도착한 서울 영등포역은 새벽 시간이지만 시골과는 다르게 부산스러웠다. 행색만 봐도 시골에서 상경했을 법한 군상들과 벌써 하루를 시작한 부지런한 소시민들로 역 주변은 북적였다. 티는 내지 않았지만, 코 베일까 조심하며 추위에 날이 밝기를 기다려야 해서 주변 목욕탕을 찾았는데 그곳 역시 사람들로 가득했다.

말로만 듣던 서울은 첫인상부터가 달랐다. 초행길이라 물어물어 버스 타고 찾아간 흑석동에 위치한 중앙대학교는 학교라기보다 큰 공원 같았다. 원서 접수하고 돌아가는 길은 역까지 걸어서 도전해 보기로 했다. 초겨울 날씨가 걷기에 안성맞춤이었다. 사고무친한 서울에 진출한다 생각하니 두려움보다 설렘으로 가득했다. 시간이 흘러 합격자 발표날 두근거리는 두 번째 서울 방문이었다. 영등포역에 도착한 나는 지난번 학습효과를 기억해내며 최대한 촌놈 티를 내지 않으려고 행동했다.

합격자를 발표하는 현장에는 사람들로 북적였다. 여기저기서 환호를 지르는 소리와 얼싸안고 기뻐 뛰는 모습들 사이로 합격자 명단에 내 이름을 확인하는 순간 숨이 턱 막혀 가슴이 뛰기 시작했고 도대체 내 이름을 몇 번이나 확인했는지 모른다. 하지만 그 기쁨은 얼마 가지 않아 냉혹한 현실과 마주하며 무너져갔다. 매달 지불해야만 하는 하숙비도 큰 문제였지만 당장 마련해야 하는 비싼 등록금을 마련할 길이 없었다.

처음부터 장학금을 못 받으면 갈 수 없는 처지를 감안하고 지원했지만, 막상 그 상황을 현실로 마주한 실망감, 허탈감은 나 자신의 현주소를 확실하게 인지하는 시간이었다. 교정보다는 생활전선이 나의 형편과 처지에 맞는다는 현실을 고려해 목표 설정을 다시 하고 틈틈이 준비하여 이듬해 신구전문대학교에 장학금을 받고 입학했다.

후일 직장생활을 하면서 방송통신대 경제학과를 졸업했지만 배움에 목말랐던 나는 영어, 일본어, 중국어 등 독학으로 늘 뭔가를 배우기 좋아했고 지금도 습관처럼 뭔가를 배우고 있다. 아마도 그것은 내 인생의 멘토이셨던 아버지의 빈자리에 대한 아쉬움, 갈망 같은 것이 아니었을까 생각된다.

언젠가 〈국제시장〉이란 영화를 보면서 아버지와 나의 사연이 오버

랩 되는 듯한 장면에 혼자 눈물을 훔쳤던 기억이 있다. 주인공 황정민이 사선을 넘나들며 어린 동생들, 가족들을 다 보살핀 끝에 모두 모여 축하 잔치를 하는 자리에서 몰래 방으로 들어가 독백하는 장면이다. "아버지 지 열심히 잘 살았지예! 정말 느무느무 힘들었십니데이." 하며 꺽꺽 우는 그 모습이 내 가슴속에 묻어 두었던 고백 같았다.

한때는 가장이라는 무거운 짐만 안기고 떠나신 줄 알았는데 살다 보니 아버지가 내게 건강에 대한 특별한 관심과 재능 DNA를 고스란히 물려주셨음을 깨달아간다.

02

# 건강 전도사가 되다

어린 시절 아버지의 영향이 자연스레 나의 관심 분야가 되었고, 사회생활을 하면서 건강 지식, 상식은 나의 직업과 연관되기 시작했고 자연 의학, 예방의학, 식품영양학 등에 심취하여 늦깎이로 공부하고 이제는 건강을 전달하고 전도하는 것이 직업이 되고 일상이 된 지 오래다. 돈만이 목적이 아니라 어떤 사람에겐 가장 소중하고 소망이 되는 건강… 그것을 함께 공유하고 조언해 준다는 측면에서 참 보람되고 가슴 벅찬 일이 아닐 수 없다. 아마도 아버지는 일찍이 그 보람을 삶의 임무로 받아들이신 건지도 모른다.

나 아닌 다른 사람들에게 선한 영향을 주는 일은 자신의 원하는 바를 채우는 것보다 훨씬 더 큰 보람과 성취감을 느끼게 한다는 사실, 사랑은 받을 때보다 줄 때 더 큰 행복을 가져다준다는 평범한 진리를 새삼 배우고 있다. 코로나19로 이동에 제약받고 비대면이 일상이었던 지난 3년간 온, 오프라인으로 1,000회 이상 건강 강좌를 했는데, 건강에 대해 젊은 세대까지도 경각심을 가지게 된 건 참 다행스러운 일이다.

'평생직장 시대는 끝나고 평생직업 시대!'라고들 한다. AI에 직업을 무서운 속도로 갈취당하고 있고 소일거리마저도 뺏겨 인간의 존재 이유와 보람을 어디서 찾아야 할 건지에 대한 고민도 깊어지는 세대다. 육체적 건강뿐만 아니라 정신건강도 절실한 요즘이다.

그래서 나는 '건강전도사'라는 애칭을 좋아한다. 건강한 신체에 건강한 정신이 깃든다는 말이 있듯이 역설적으로 요즘은 정신적 스트레스 등이 육체에 악영향을 끼쳐 문제가 되는 경우도 허다하다 보니 건강 강좌 중에 많은 시간을 정신건강에 초점을 두기도 한다.

의학의 시조 격인 인도의 아유르베다•는 비타(공기와 허공), 피타(불과 물), 카파(물과 흙) 세 가지가 건강에 미치는 핵심이고 신체적, 심리적, 영적 노력을 기울여야 균형 잡힌 건강을 실현할 수 있다고 했다. 『황제내경』으로 잘 알려진 3대 동양의학 중 하나인 3,800년 전 티베트 의학••에서도 정신과 마음, 몸과 마음은 서로 연결되어 완전한 건강을 이룬다고 정의하고 있다. 역시 3대 동양의학 중 하나인 중의학은

• **아유르베다** 아유르베다(데바나가리:Ayurveda) 또는 아유르베다 약은 고대 인도 힌두교의 대체 의학 체계였다. 오늘날에도 인도, 네팔과 스리랑카에 매우 일반적이며 수백만 명에 의해 사용된다. 아유르베다는 서방에서도 인기를 얻고 있다. 아유르베다는 삶의 지혜 내지는 생명과학이라는 뜻이다. - 위키백과

•• **티베트 전통 의학** 진단에 대한 복잡한 접근 방식을 채택하고 맥박 분석 및 소변 분석과 같은 기술을 통합하고, 구성된 식이요법 및 변형 약물을 사용하는 수 세기 동안 지속된 전통 의학 체계이다. - 위키백과 번역

『황제내경』과 허준 선생님의 『동의보감』에서 영향을 준 이시진의 『본초강목』 등에서도 정(精), 기(氣), 신(神)이라 하여 건강은 정신과 육체가 따로일 수 없음을 강조하고 있다. 오장육부가 각기 연관되어 있고 각기 영향을 주어 따로 떼어 관리하는 것이 한계가 있음을 지적하는 것이기도 하다. 그러한 측면에서 우리 몸에는 뇌가 세 군데 존재하는데 구체적으로 살펴보면 다음과 같다.

첫째, 배 부위 소화기다. 신경 쓸 일이 있거나 긴장하거나 하면 소화가 잘 안되고 가스가 차는 경험을 해 본 적이 있었다면 그것은 나의 상태를 소화기 뇌가 감지하고 신체에 영향을 미쳐 일어나는 반응이다.

둘째, 가슴 부위, 즉 심장이다. 슬픈 영화를 보면 가슴 아픈 경험을 해 봤을 것이다. 가슴의 뇌가 그것을 알아듣고 느낀 반응이다. 좋은 일로 가슴이 흥분되고 뛴다거나 기쁜 일로 가슴 뿌듯한 경험을 한 것도 내 심장의 뇌가 알아듣고 호르몬 작용으로 건강에도 영향을 준 것이다.

셋째는 바로 머리이다. 오감으로 하는 모든 것에 영향을 준다. 그래서 사람이 나이가 들면 웬만한 건 못 본 척하라는 의미로 시력을 나쁘게 하고, 부정적인 이야기는 잘 듣지 말고 살라는 의미로 귀먹게 하고, 소화기관이 약해지니 과식하지 말라는 신호로 치아도 빠지고 약해지는 것이다. 그나마 죽는 날까지 말은 할 수 있도록 허락한 것은 남에게 칭찬이나 덕담을 많이 하고, 입술로 감사를 많이 하며 살라는 의미, 그리고 내가 하는 긍정의 언어를 나의 뇌가 알아듣고 마지막까지 정신건강을 지키라고 하는 자연이 준 최고의 선물이다. 그 자연의 이치를 스스로 깨닫게 하는 것 그것이 건강전도사가 해야 하는 진정한 사명감이라 생각한다. 내가 이 일을 사랑하는 이유다.

03

# 때는 바야흐로 백세시대

우리 인간의 수명은 얼마나 될까? 오래 살고 싶은 욕망은 모든 사람의 바람이다.

진시황은 불로초를 찾아 헤맸고 히스기야 왕은 기도로 15년 수명을 연장했지만, 결국 인간의 수명은 유한하다. 기록에 의하면, 조선왕조 오백 년 동안 왕들의 평균수명이 43.9세로 반백 년을 넘지 못했다고 전해진다.

물론, 83세를 누린 영조대왕도 있지만 "인생 칠십 고래희"라고 불과 수십 년 전만 해도 칠십이 넘는 망자에는 호상이라 문상 인사말을 건넸을 만큼 지난 수백 년간 인류의 수명은 많이 늘어나지 않았다. 철옹성 같았던 인간의 수명이 바이오 과학의 발달로 평균수명 80세가 넘었고 최빈 사망 연령이 90세를 넘은 시대에 우리가 사는 것이다.

바야흐로 백세시대다. '몇 세까지 사느냐!'도 중요하지만, 얼마나 건강하게 사느냐가 삶의 질의 문제이기에 더 중요하다는 데 반론의 여지가 없다. “준비되지 않으면 장수가 축복일 수 없다.”는 말로 그 의미는 충분하다.

중국 속담에 “기적은 하늘을 날거나 바다 위로 걸어 다니는 것이 아니라 땅 위를 걸어 다니는 것이다.”라는 구절은 죽는 날까지 내 두 발로 화장실을 갈 수 있다면 건강 측면에서 기적이자 축복이라는 의미를 담고 있다.

그런 측면에서 지금 우리 주변을 돌아보면 시골구석까지 각종 요양병원, 요양원으로 넘쳐나고 노년의 삶을 그곳에서 간호받으며 언제 방문할지 모르는 가족, 자녀를 목을 쭉 빼고 기다리는 것이 일상이 된 지 오래다. 그들의 소망은 나아서 집으로 돌아가는 것이다. 그러나 대부분 노인들은 한번 요양원에 들어가면 다시 집으로 돌아가는 것이 희박하여 우리는 그곳을 현대판 “고려장”이라 부른다.

그 외에도 집에서, 병원에서 노년을 고통 속에 보내는 사람을 우리 주변에서 어렵지 않게 발견할 수 있다. 그래서 마냥 손뼉만 칠 수 없다. 결론은, 모두가 백세시대를 스스로 준비해야 한다는 것. 내일은 늦다. 바로 지금이 가장 좋은 시기이다.

수년 전, 모처에서 건강강좌를 하고 황수관 박사님을 잠깐 뵈어 인사를 나눈 적이 있었는데, 얼마 지나지 않아 간 피고름에 의한 패혈증으로 돌아가셨다는 황당한 소식을 접한 적이 있었다. 나의 큰동서도 칠십 초반의 나이에 결혼식장 갔다가 풍으로 쓰러져 7년째 거동도 못하고 있다. 그저 남의 일로 치부할 수만은 없다. 건강은 건강할 때 지켜야 한다는 평범한 진리를 깨달아야 한다.

04

# 습관

불교의 『법구경』에 "녹은 본시 쇠에서 생긴 것인데 점점 그 쇠를 먹는다."라는 구절이 있는데 "녹" 대신 '습관'이라는 단어를 넣어 보자. 습관은 내가 만든 것인데, 점점 나를 변화시킨다는 정도로 해석할 수 있다. 흔히, 부자는 부자의 습관이 있고 가난한 사람은 가난한 습관을 가지고 있다.

가난했던 한 사람이 어느 날 복권을 하나 샀는데 운이 좋아 1등에 당첨되어 거금을 손에 쥐었으나, 불과 몇 년 만에 그 돈을 다 날리고 전보다 더 불행한 처지가 되었다는 국내외 사연을 매스컴을 통해 접한 사실이 있을 것이다. 반면, 칠전팔기의 도전정신으로 성공 신화를 이룬 주인공들의 성공 사례도 심심찮게 접할 수 있다. 습관이 운을 뛰어넘어 나의 변화를 지배한다는 좋은 예가 될 수 있다.

부자들이 부자가 된 것이 운일까? 물론, 운도 따랐을 수 있겠지만 그들의 공통점을 찾으라고 한다면 부자 습관, 즉 성공습관이 그들을 부자로 변화되게 했다는 데는 이의가 없을 거다. 부지런한 습관, 긍정적 습관, 성공 상상 습관, 배우려는 자세, 열정, 창의적으로 생각하는 습관 등 그래서 가난해져도 다시 부자가 되는 가능성을 항상 가지고 있는 것이다.

건강도 마찬가지다. 사람이 아프거나 건강한 것이 운일까? 물론, 유전적으로 남들보다 약하게 또는 불편하게 태어났을 수는 있다. 상대적일 수는 있지만, 자신의 습관은 자신의 건강 수명을 늘릴 수도, 단축시킬 수도 있다.

건강 습관 10훈을 소개한다.

### 1) 햇빛 보기

생명체는 태양에서 에너지와 영양을 공급받는다. 나무도 햇빛을 보지 못하면 광합성 작용을 멈춰 금세 시들고 생명을 다하듯 사람은 햇볕을 통해 세로토닌이라는 행복 호르몬, 멜라토닌이라는 수면 호르몬을 공급받아 우울증, 불면증을 예방하고 칼슘의 운반 수단인 비타민 D를 공급받아 뼈 건강을 지킬 수 있다. 따라서 매일 20분 정도 태양을 정면으로 보면서 걷는 습관을 갖자.

### 2) 호흡하기

하루 중 수시로 코로 숨을 들이마셨다가 4초 이상 입으로 천천히 내쉬는 이른바 복식호흡을 통해 체내 쌓였던 각종 독소나 특히 활성산소를 배출하므로 독소 제거 효과가 있다. 요령은 들숨 때 가슴을 열면서 배를 내밀어 이완시키고 날숨 때는 배와 가슴을 천천히 수축시키는 방법이 좋다.

### 3) 물 마시기

물은 인체의 최대 구성요소로 목마를 때 마시는 것이 아니라 습관처럼 마셔야 한다. 혈관질환 등 대사성 질환 중 평소 물 마시는 습관만 가져도 좋아진다는 사실은 익히 알고들 있을 것이다. 몸무게 1kg당 하루 30cc 정도가 적당량이니 60kg의 사람이면 1.8L 정도가 적당하다. 단, 마시는 시간이 중요한데 식사하기 최소 30분 전, 식사 후 최소 1시간 뒤에 가볍게 목을 축이는 정도가 좋다. 음식물이 위에 도달하는 순간 위산이 분비되는데 이때 물을 마시면 위산이 묽어져 가스트린 호르몬이 또 위산을 내보내게 명령하는데 이것이 습관화되면 위산과다에 의한 궤양, 소화불량 등 위장질환의 원인이 되기도 한다.

### 4) 영양

영양은 균형이 중요하다. 3대 영양소인 지방, 탄수화물, 단백질을 골고루 과식하지 않는 습관이 중요하다. 한국인의 단백질 섭취량은 몸무게 1kg에 1g이 적당하다. 60kg의 성인은 60g이 정량인 셈이다. 만약 오늘 200g의 육류를 섭취했다면, 콩팥에서 60g만 체내로 되돌려보내고 나머지는 그날 소변을 통해 몸 밖으로 내보내는데 그것이 단

백뇨다. 그래서 고기를 많이 섭취한 다음 날, 소변이 뿌옇거나 냄새가 나기도 한다. 습관처럼 육류 단백질을 과식한다면 신장 사구체 등 장기에 무리를 줄 수밖에 없다.

지방 또한 과다하면 내장지방, 지방간, 고지혈의 원인이 되며 포화지방, 트랜스지방 등의 섭취를 줄이는 식습관이 필요하다. 탄수화물은 특히 흰 설탕, 밀가루, 흰 쌀밥과 같은 정제 탄수화물의 섭취를 줄여 가야 한다. 탄수화물을 과다 섭취하면 간에서 글리코겐이란 지방 형태로 저장되어 각종 성인병의 원인이 되기도 한다. 그 외 4대 영양소인 비타민류, 5대 영양소인 무기질(미네랄)은 균형이 중요하다.

출처: 식품의약품안전처(식품및식품첨가물공전), 12. 10. 한국인 영양섭취기준.

### 5) 운동하는 습관

동물은 위험하면 움직여서 피하고 식물은 케미컬(chemical)로 피한다는 말이 있다. 즉, 동물은 움직이지 않으면 위험하고, 식물은 자주 움직이면 위험하다. 운동의 중요성을 일깨워 주는 말이다. 긴 계단 하나를 걸어 오를 때마다 건강, 수면이 10분 이상 연장된다는 사실을 자각하자.

### 6) 휴식 습관

가끔 과로사로 사망하는 뉴스를 접할 때가 있다. 한국인이 가장 많이 사용하는 외래어가 스트레스란 웃지 못할 사실이 있다. 무언가에 늘 쫓기고 긴장 상태로 있다 보면 그로 인한 스트레스로 교감신경이 발달하여 부신에서 '코르티솔'이란 호르몬을 끊임없이 생산하게 되는데, 그 습관이 지속되면 심장에도 무리가 가게 되어 심장마비를 유발할 수 있다. 그래서 인간은 멍 때리는 시간, 명상하는 시간과 같은 정신적, 육체적으로 힐링, 큐어링 하는 시간이 절대적으로 필요하다.

### 7) 체온 조절

인간은 항온동물이다. 항온동물은 체온을 일정하게 유지하는 시스템을 갖고 있는데 그 시스템이란, 바로 '냉각 시스템'이다. 우리가 먹는 영양소가 산소와 결합하여 에너지가 만들어져 세포 활동 근육운동 등으로 쓰이고 나면 마지막 단계에서 열로 변하게 된다. 과잉된 열을 체외로 버리거나 혈류량을 증가하고 땀구멍을 확장해 에크린샘에서 분비물을 땀이라는 형태로 내보내서 체온을 일정하게 유지한다. 또한 내, 외부 요인으로 체온이 떨어지면 땀구멍을 수축시키고 골격근의 수축 작용으로 (골격근에서) 열을 만들어 체온을 유지한다. 즉 자동 냉난방 시스템을 가동하고 있다. 따라서 과도한 열을 만드는 음식(과식, 간편식, 인스턴트식품, 가공식품, 부실 음식, 정제 탄수화물 등) 섭취나 행위를 줄이고 적절한 체온 유지를 위해 거친 음식, 발효, 소식 등과 생활 속 운동으로 체온 유지 습관을 지니는 것이 중요하다.

### 8) 절제하는 습관

과유불급이라 했다. 과식, 과음, 과로, 자주 화내는 일 등을 피하는 생활 속 절제는 건강을 지키는 중요한 요소이다. 절제가 미덕이 되는 세상이다.

### 9) 마음을 다스리는 습관

"산중의 적은 다스리기 쉬우나 심중의 적은 다스리기 어렵다."라는 말은 마음을 다스리기가 얼마나 어려운지를 잘 말해준다. 이것을 가능하게 하는 비결이 '감사하는 습관'이다. 작은 것에 감사하는 습관, 입버릇처럼 감사하는 습관이 건강과 환경을 변화시키고, 운명마저 바꾼다는 사실을 잊지 말자. 그것이 건강한 백 세를 준비하는 비결이기도 하다.

### 10) 비우기 습관

흔히 건강의 3대 요소로 잘 먹고, 잘 자고, 잘 싸는 이른바 쾌식, 쾌면, 쾌변을 강조한다. 먹을 것이 부족했던 과거에는 영양실조나 폐렴으로 고생하는 사람들을 심심찮게 볼 수 있었다. 그러나 지금 우리 주변을 돌아보면 암, 고혈압, 당뇨, 고지혈 같은 대사성 질환자로 넘쳐난다. 이른바 선진병, 부자병으로 일컫는 질환들이다.

보고에 의하면 우리나라 암 환자가 500만 명을 넘어섰고 당뇨, 고지혈 환자가 700만 명, 고혈압 환자가 1,000만 명이 넘어 가히 환자 공화국이란 오명을 갖기에 충분한 현실에 직면해 있다. 즉 채움이 아니라 비움이 필요한 때다. 우리가 먹는 음식이 체내에서 산소와 결합하여 에너지원으로 쓰이고 완전연소 되면 아무 문제가 없겠지만 과식, 과로, 스트레스 등으로 불완전연소 되면 체내에 축적된다. 그 결과 소화기인 위장, 십이지장, 소장, 맹장, 대장, 직장 질환이 되거나 간, 담낭 질환이 되기도 한다. 그뿐만 아니라 혈액으로 유입되어 각종 혈관 질환의 원인이 되기도 한다. 특히 혈관은 그 길이가 120,000km 무려 지구 두 바퀴 반에 해당하는 우리 온몸을 감싸고 도는 수로 같은 기관이다. 혈액을 통해 세포 단위마다 산소와 영양을 공급하므로 우리가 생각하고 움직이고 하는 대사활동이 가능하다. 문제는 각종 독소가 그 혈액을 타고 다니며 혈관질환의 원인이 되어 심근경색, 뇌경색 같은 치명적인 상황을 초래하는 것이다. 더욱이 혈관은 70% 막힐 때까지 증상이 나타나지 않아 침묵의 그림자로 일컫는다. 혈관뿐만이 아니라 간, 췌장 등도 마찬가지다. 임계점에 다다랐을 때 발견되어 걷잡을 수 없는 상태에서 뒤늦게 후회하는 경우도 많다.

결론적으로 평소 인체 정화, 디톡스(detox) 등을 통해 비우기 습관을 생활화하는 것이 중요하다. 소식하기, 오래 씹기, 효소식 하기 저녁 7시 이후부터 10시간 이상 장에서 소화 흡수 될 수 있는 이른바 장 비우기 등이다. 낮에도 4시간 이상 공복 시간을 가져서 "꼬르륵" 소리를 듣는 습관이 아주 좋다. 우리 몸은 비우기를 마쳐야 오토파지(autophagy) 기능이 가동되어 세포 내 리보솜 공장에서 스스로 청소하는 인체 정화가 이뤄지기 때문이다. 내가 먹는 것이 내 몸이 된다는 말이 있다. 건강한 백 세를 위해 먹는 것만큼 비우기도 신경 쓸 때다.

05

# 꿈 너머 꿈

은퇴 후, 내 꿈은 자연치유 아카데미 원장님이다.

많은 사람들이 불확실한 미래에 대해 막연한 불안감을 가지고 있다. 그로 인한 심리적, 정신적 스트레스를 호소하는 사람들이 매년 늘어가고 있는 추세이다. 개인주의 팽배로 대화는 단절되고 문제에 목말라하는 사람들의 갈증에 해법을 강요받을 수도 있다. 그럴수록 성공, 부를 갈망하는 사람들은 부의 추월차선으로 뛰어들 것이다. 마치 자신의 몸이 불타는지도 모르고 불빛을 향해 뛰어들어 생을 마치는 불나방처럼 말이다.

"일체유심조(一切唯心造)"라 했던가? 세상만사 마음먹기 나름이다. 희망이 없을 때 유일한 희망은 희망을 품는 것이다. 삶의 끝자락을 부여잡고 몸부림치는 그들에게 인생은 살아 볼 만한 가치가 있다는 희망을 공유하고 싶다.

"다시 해 보자"는 용기를 북돋아 새로운 시작을 결심하고 행동할 길라잡이 역할 그것이 후반기 인생의 꿈이 되면 어떨까!

PART
8

# 나의 인생을 스타일링 한다는 것은

# 이언영

**Mobile**
010-3131-7804
**Email**
beaute210@gmail.com

## 학력 및 경력사항

- 이화여자대학교 일반대학원 의류직물학과 석사, 박사
- 방송, 광고, 패션쇼, 매거진, 정치인 스타일리스트
- 현 장안대학교 스타일리스트과 부교수
- 현 패션 스타일리스트 자격검정 자문위원
- 현 고려대 명강사 최고위과정 16기 공저부회장
- 전 올스타일 보떼 대표
- 전 국가대표 선수 유니폼 디자인 심사위원
- 전 한말글 패션디자인 공모전 심사위원
- 전 미스 인터콘티넨탈 선발대회 심사위원

## 강의 분야

- 패션 스타일링, 뷰티 스타일링, 퍼스널 컬러
- 이미지메이킹, CS, 자기계발

## 자격 사항

- 컬러 코디네이터(일본-동경상공회의소) 1급
- 스피치토론 지도사 1급, 스피치 지도사 1급
- 패션 스타일리스트 1급, 패션 샵마스터 2급
- 패션 VMD 1급, 명강의 명강사 1급, 리더십 지도사 1급
- 기업 교육 강사 1급, 인성교육 지도사 1급
- 부모교육 상담사 1급

## 저서

- 스타일은 권력이다
- 뉴 컬러 앤 디자인 이미지
- 패션 스타일리스트
- 컬러 앤 디자인 이미지
- 토탈 패션 코디네이션
- 컬러 스토리

## 수상 경력

- 2015 사노피 아벤티스 코리아 공로상
- 2011년 전국대학생 패션쇼 패션디자인 경진대회 지도자 공로상
- 제 25회 미술제 한지의상부문 대상
- 한국의류산업학회(2006), 한국패션디자인학회(2017, 2018) 우수논문상
- 장안대학교 교수학습연구대회 2등(2021)
- 교수학습 포트폴리오 경진대회 1등(2018)

01

# 휴먼 스타일리스트로 다시 태어나다

인공지능, 빅데이터, 클라우드, 사물인터넷, 모바일이 대표적인 키워드가 된 4차 산업은 우리의 세상을 디지털 세상으로 변화시켰으며, 전 세계를 마비시킨 코로나 19는 디지털 세상을 가속화시켰다. 직장, 학교, 공기업, 사기업 할 것 없이 카메라 속에서 만나 각자의 업무를 수행하고, 바로 옆자리 친구나 동료를 직접 만나지 못해도 전 세계 많은 사람들과 모바일 속에서 서로의 팔로워가 되어 소통하고 교류하게 되었다.

비록 실제 크기는 작지만 모바일 속 그 세계는 매우 넓고 흥미로우며, 스타일리시하다. 그 멋진 스타일에 반해 우리는 딘(DEAN)의 '인스타그램(instagram)'의 노랫말 "난 핸드폰을 놓지 못해. 잠은 올 생각이 없대. 다시 인스타그램 인스타그램 하네~"처럼 모바일 속에서 헤어 나오지 못하고 있다. 가끔은 상대적인 박탈감을 느끼기도 한다.

그 작은 세상 속에서 우리는 '좀 더 있어 보이게', '좀 더 멋져 보이게' 하려고 돈과 시간, 노력을 아낌없이 투자하고 있다.

나는 20대 초부터 '좀 더 있어 보이게', '좀 더 멋져 보이게'를 도와주는 사람, 즉 스타일리스트라는 직업으로 살아왔다. 대학교 2학년 시절부터 방송과 패션쇼 현장에 뛰어들었으니 그 세월이 무려 27년이 되었고, 지방 전문대의 스타일링 특강으로부터 시작된 대학 교수라는 직업을 갖게 된 것도 올해로 만 20년이 되었다.

그간 나는 다양한 현장과 외국을 돌아다니며 스타일링에 필요한 테크닉을 익히고 또 익혔다. 또 현장에서 혹시라도 학문적인 부분이 부족할까 싶어 대학원을 진학하여 석사와 박사 학위도 취득하였다. 부단히 열심히 배웠고, 현장과 학교를 오가며 배운 이론과 실무를 다시 아낌없이 학생들에게 전달하고 가르쳤다.

트렌드가 해마다 변화되는 것처럼 고부가가치 산업인 패션&뷰티 산업과 스타일링 테크닉도 변화해 왔다. 또한 내가 부여하는 스타일의 철학도 변화해 왔다.

첫 번째 나의 스타일 철학은 오랜 실무활동에서 느껴왔던 것으로 "좋은 스타일은 그저 멋져 보이는 비쥬얼적 요소만이 아니며, 패션과 뷰티 스타일을 아우르는 토탈 스타일이다."라는 것이었다. 다시 말해, 이미지메이킹이 중요하다는 것을 나는 석·박사 연구를 통해 지속적으로 주장해왔다.

그런데 이제는 생각이 조금 달라졌다. 요즘은 많은 사람들이 패션과 뷰티 스타일을 아우르는 토탈 스타일, 이미지메이킹의 중요성을 많이 인지하고 있고, 가시적인 사회 속에서 '좀 더 있어 보이게', '좀 더 멋져 보이게'를 위해 부단히 노력하고 있다. 그래서인지 우리 주변에 참 있어 보이고, 참 멋진 사람이 많다. 모바일 속 SNS 세상에는 더욱 그렇다. 하지만 이렇게 '좀 더', '좀 더'를 외치는 가운데 문제가 발생한다. '없는데 있어 보이게' 하려니 스타일링에 어려움이 생기고, 스타일링으로 완성했지만 속이 빈 스타일링이 남발되고 있는 것이다.

스타일링의 원칙이 '장점을 최대화, 단점을 최소화'하는 것이긴 하나 '없는 것을 있어 보이게', '아닌 것을 맞는 것처럼' 하는 것은 아니다. 자꾸 속 빈 스타일링을 구사하다 보면 마음이 아프고 허하게 되며, 자존감이 떨어시게 된다. 그러다 심해지면 약에 의존하게 되거나 극단적인 행동을 하는 상황까지 발생하게 된다.

학교에서의 학생들, 퍼스널 스타일링을 했던 개인 컨설팅 고객, 외부 특강에서 만났던 분들 중에 겉은 화려하나 속은 텅 비어 있는, 일명 깡통 스타일의 주인공들도 일부 존재한다. 우리가 깡통 스타일링을 하지 않기 위해서는 우선 나를 파악해야 하고, 정확한 목표 설정을 통해 장단점을 보완할 수 있는 나만의 스타일 기획을 세워야 한다. 전략적인 스타일 기획을 통해서만 퍼스널 아이덴티티를 구축할 수 있고 퍼스널 브랜드가 만들어진다.

퍼스널 브랜드는 완벽한 스타일 기획으로 완성된 퍼펙트 스타일링(Perfect Styling)으로만 가능하다. 이 퍼펙트 스타일링이 바로 휴먼 스타일링(Human Styling)이다. 다시 말하자면 올바른 퍼스널 스타일링은 단순한 멋 내기 작업이 아닌 가치관과 목표가 담긴 이미지 창출 과정으로서, 본인의 자아를 발견하고 분석하여 변화된 현재와 앞으로 변화될 미래에 알맞은 나만의 이상적 자아를 계획하여 인생을 디자인하는 휴먼 스타일링이라고 볼 수 있다.

그동안의 토탈 스타일링이 아름다움을 넘어 자신감을 줄 수 있는 것이었다면, 휴먼 스타일링은 자신감을 넘어 자존감을 높일 수 있는 힘이다.

나는 이제 패션&뷰티 스타일리스트를 넘어 휴먼 스타일리스트로서 많은 사람들이 퍼펙트 스타일링을 할 수 있도록 좋은 비법, 좋은 에너지를 발산하고자 한다.

02

# 기분이 우울하다면 저와 함께 쇼핑하시죠

얼마 전 "관심 받으려 자해… '패션 우울증'에 노출된 청소년들"(2022. 10. 31. 한림랩 뉴스룸 82화)이라는 헤드라인의 신문기사를 접했다. '패션과 우울증' 다소 어울리지 않은 단어의 조합, '패션 우울증'이라는 합성어가 매우 자극적이게 다가와 기사를 거의 숨도 쉬지 않고 단번에 쭉 읽어내렸다.

패션 우울증이란 우울증 등 정신적 문제를 사람들의 관심을 받을 패션 수단처럼 여기고, 관심을 끌기 위해 팔뚝 상처 내기 등 자해한 모습을 SNS에 업로드하는 현상에서 비롯된 신조어다. 즉, 우울증을 패션처럼 몸에 두른다는 표현으로 스스로 자해를 한다는 뜻이다.

참 가슴 아픈 일이 아닐 수 없다. 그런데 이러한 사회적 양상이 비단 청소년에게만 나타나는 일이 아니다. 대학생을 포함한 성인 집단에서도 이러한 일들은 동일 또는 유사한 방식으로 나타나고 있다. 이

것이 필자가 휴먼 스타일리스트로 다시 태어나고 싶은 이유이기도 하다.

세상을 살다 보면 우울한 일들은 매일 일어난다고 해도 지나치지 않다. 하고자 하는 일이 잘 안 풀렸을 때, 학교 친구나 직장 동료 등과 의견 충돌이 발생했을 때, 부모님 혹은 선생님, 직장 상사에게 꾸지람을 들었을 때, 연인과 이별을 할 때 등 나열할 수 없을 만큼 그 이유는 다양하다. '우울한 이유가 무엇인가'보다 이것을 '스스로 어떻게 극복하는가'가 더 중요한 문제이다.

우울의 정도나 사안, 개인적 성향에 따라 해소책은 다르겠지만 보통은 술을 마시거나, 자극적인 음식을 먹거나, 여성의 경우라면 특히 쇼핑을 하는 경우가 일반적일 것이다.

필자의 경우에는 그 어떤 것보다도 쇼핑이 최고의 해소책이며, 다른 분들에게도 적극 추천하고 싶다. 다만 본인의 체형이나 얼굴형, 스스로의 장단점 등 기초적인 퍼스널 분석이 되지 않았다면 또 다른 우울함을 야기하는 원인이 될 수 있다는 것을 잊으면 안 된다.

백화점이든 지하철 지하 아케이드의 보세 가게이든 상관없다. 다양한 화장품을 진열해놓은 화장품샵이어도 좋고, 인터넷 쇼핑, 홈 쇼핑도 좋다. 형형색색 다양한 문양과 디자인들에 취해 우울했던 일을 잠시라도 잊을 수 있다면 온·오프라인 채널 어떤 것도 문제가 안 된다. 하지만 나를 모른 채 그저 우울함을 떨쳐버리고자 쇼핑을 한다면 본인에게 어울리지 않는 의상이나 필요 없는 화장품 등의 생각 없는 소비로 나중에는 그 비용을 지불하느라 또 다른 짜증과 우울증이 몰려올 것임을 반드시 명심해야 한다.

일란성 쌍둥이 외에 똑같은 얼굴은 없다. 체형도 마찬가지다. 이상적 체형인 표준형을 기준으로 다양한 체형을 유형별로 구분하면 〈그림 1〉과 같다.

최소한 본인의 체형 유형은 알고 있어야 올바른 쇼핑이 가능하고 적합한 아이템과 퍼펙트 스타일링을 통해 저조된 기분을 리프레시(refresh)할 수 있다. 퍼펙트 스타일링을 위한 비법이 있는데 바로 '청개구리 스타일링법'이다. 필자가 정의한 청개구리 스타일링법은 다음과 같다.

첫째, 작은 부분은 크게 보이게, 비대한 부분은 작아 보이도록 반대로 표현한다.

둘째, 장점인 부분은 부각되도록 하고 단점인 부분은 시선에서 멀리

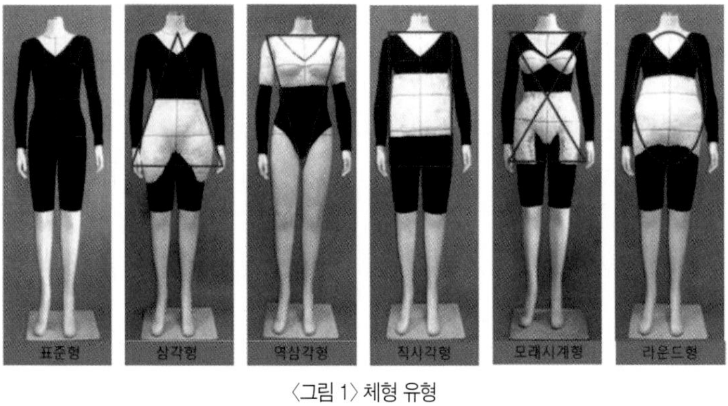


〈그림 1〉 체형 유형

둔다.

예를 들어 어깨와 가슴의 폭이 힙의 폭보다 좁아 허리 아랫부분이 크고 넓은 삼각형 체형이라면 청개구리 스타일링법에 따라 넓은 칼라, 어깨 장식, 포켓 등이 있는 상의를 입어서 최대한 상의를 풍성하게 표현하고, 힙의 시선을 허리선 위로 유도하여야 한다. 상의는 팽창색인 밝은 컬러로 하의는 수축색인 짙은 컬러로 스타일링하는 것도 좋은 방법이다.

비단 이것은 체형에만 적용되는 방법이 아니라 얼굴형에도 적용되는 만병통치 방법이다. 다음 〈그림2〉의 표준형 얼굴을 기본으로 나의 얼굴형을 분석하여, 얼굴형 및 결점을 파악할 수 있다. 이에 따라 청개구리 스타일링법을 적용하면 된다.

이마가 좁고 턱이 넓은 삼각형 얼굴형이라면 반대로 이마 양 끝에 하이라이트로 넓어 보이게 하고, 양 볼과 턱 부분은 어둡게 섀딩 처리를 하여 좁아 보이게 해야 한다. 헤어도 앞머리 없이 가르마를 타서 얼굴을 길어 보이도록 연출하는 것이 효과적이다. 길이가 긴 목걸이나

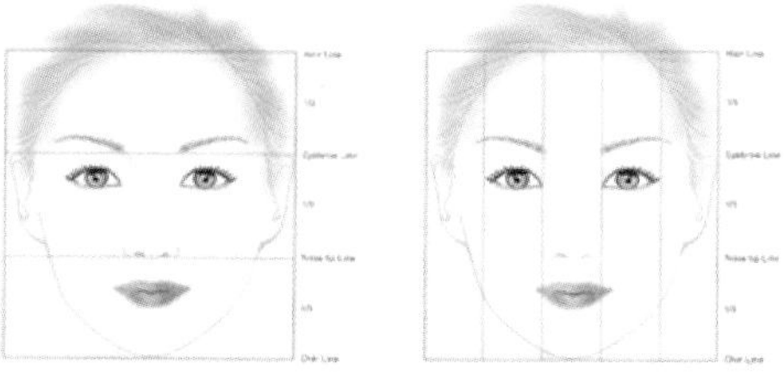

〈그림 2〉 표준형 얼굴 (가로) 표준형 얼굴 (세로)

스카프를 이용하여 시선을 아래로 향하게 한다면 둔탁한 턱선을 감출 수 있다.

이러한 청개구리 스타일링법을 통해 우리는 보는 사람으로 하여금 "날씬해졌다", "예뻐졌다"와 같은 좋은 에너지를 얻을 수 있는 평가를 많이 듣게 될 것이다. 나에 대한 좋은 평가로 우울했던 무거운 마음은 깃털처럼 가벼워지고, 자신감과 더 나아가 자기 자신을 존중하고 사랑하는 마음이 단단해질 것이다. 이것이 간단한 청개구리 스타일링법으로 만들어진 퍼펙트 스타일링이며, 마음까지 스타일링할 수 있는 휴먼 스타일링이다.

03

# '안나(ANNA)'라는 이름이 내 눈과 귀에 들어오다

요즘 방송 채널 확대로 다양한 채널의 TV를 시청할 수 있지만 유튜브 등 새로운 미디어를 활용한 웹 채널도 지속적으로 확대되고 있는 상황이다. 특히 젊은 세대들은 큰 화면, 고화질의 TV 화면이 아닌 작은 모바일을 통해 시간과 공간에 제약 없이 시청하는 웹 채널을 더 선호한다.

얼마 전 공중파 TV 채널을 틀어놓고 거실 청소를 하다가 새로운 영화를 소개해주는 프로그램에서 〈안나(ANNA)〉라는 웹 드라마 소개를 스치듯이 잠깐 보게 되었다. 우선 신비함과 허영을 상징하는 컬러인 보라색 투피스를 입은 '수지(안나 역)'가 불이 번지고 있는 핸드백을 들고 터벅터벅 걷는 장면이 한눈에 들어왔고, "사람은 혼자 보는 일기장에도 거짓말을 씁니다."라는 강력한 내레이션이 귀에 들어와 쉽게 떠나지를 않았다. 강하게 자극하는 잔상으로 궁금함을 참지 못해 하던 일을 멈추고 검색창에 〈안나(ANNA)〉를 검색해보니 쿠팡 플레이 채널의 웹 드라마로 몇 개의 티저 영상이 올라와 있었다. 그중 한 편을 플레이했다.

꾸미지 않은 소탈한 모습, 상반된 단아하고 고급지게 꾸며진 주인공인 '수지(안나 역)'의 모습이 번갈아 가며 등장하고, "믿는 순간, 거짓도 진실이 된다.", "갖고 싶은 이름, 훔치고 싶은 인생"이라는 타이틀을 보는 순간, 나는 이 웹 드라마가 잘못된 휴먼 스타일링의 내용을 담고 있음을 직감적으로 느낄 수 있었다.

'안나'라는 여자 주인공은 강원도 시골 시장에서 양장점을 하는 아버지와 언어장애를 가진 어머니 사이에서 자란 '이유미'라는 이름의 시골 소녀였다. 부유하지는 않았지만 자상한 부모님과 화목한 가족 환경으로 전교 1등을 놓치지 않을 정도의 총명한 학생이었다. 하지만 대학 입시를 얼마 앞두고 음악 선생님과의 교제 사실 발각으로 강제 전학을 가게 되고 연이은 입시에 실패하면서 거짓말 전쟁이 시작되었다.

처음 대학생 행세부터 시작된 거짓말이 도우미로 일하게 된 재벌집

〈그림 3〉 안나(ANNA) 티저 영상 및 포스터

딸의 신분증과 학위증을 훔쳐 달아나면서 점차 걷잡을 수 없어졌고, 중고 명품샵에서 옷과 가방을 대여하여 유학파 출신 '안나'로 둔갑하였다. 이후 입시 미술 강사, 평생교육원 교수, 급기야는 가짜 부모 대역까지 하여 사업가와 결혼식을 한다. 이후 한 대학교의 정교수로 새로운 인생을 살게 되고, 남편의 정치 입문으로 더 큰 유명세와 함께 권력의 맛을 보게 되었다.

드라마 속 안나는 시간이 지나면 지날수록 고급스러운 의상과 헤어, 메이크업 연출, 게다가 품위 있는 말투와 매너까지 그야말로 머리끝부터 발끝까지 완벽한 스타일링을 한다. 안나의 스타일링은 넘치지 않으면서도 T.P.O에 적합한 고급스러운 이미지였다.

그럼에도 불구하고 안나는 행복함보다 불안함, 채워지지 않는 심적 결여감으로 가득 차 있었다.

그것은 올바른 내 것이 아닌 남의 인생을 훔친 거짓된 스타일링, 올바른 휴먼 스타일링이 아닌 허울만 좋은, 속 빈 깡통 스타일링이기 때문이다. 모래성처럼 무너질 깡통 스타일링….

04

# 올바른 휴먼 스타일만이 올바른 권력을 가져온다

지금껏 살아오면서 스스로 쓰담쓰담 할 수 있는 나의 장점이자 무기가 하나 있다. 대단한 것은 아니지만 그래도 지금의 나를 만든 원천적인 힘이라고 생각한다. 그것은 지루해도 힘들어도 참아내는 성실함인데, 생각해보면 성실함을 보여주는 좋은 분들이 주변에 많았기 때문인 것 같다. 우선 부모님이 매우 성실하셨고, 규율이 엄했던 숙명여중, 경기여고의 학창 시절에서 얻은 경험 중 가장 큰 것도 '성실함'과 '버티는 힘, 지구력'이었다.

현장에 있을 때도 역시 그랬다. 방송 현장 일을 시작했던 대학생 시절, 그 당시 모델 아카데미를 다니던 사촌 동생을 통해 패션쇼 뷰티 디렉터인 '오민' 대표님을 알게 되었고, 나는 자연스럽게 패션쇼 뷰티 스타일링 현장에 투입되었다. 전국을 누비며 개최되는 패션쇼 현장은 내게 그야말로 심장이 두근거리는 희열의 현장이었다. 세계 최고 디자이너들의 의상을 직접 볼 수 있고, 만져 볼 수 있으며, 마네킨 같은 모델에게 입히고 패션과 뷰티 스타일링을 통해 완성된 후 화려한 조명과 팡팡 터지는 음악과 뒤섞여 만들어진 런웨이는 그야말로 환상적인 모습이었다.

화려하고 흥겨운 패션쇼장 뒤 백스테이지에서는 꼭두새벽부터 전쟁이 시작된다. 몇십 명의 스태프들이 그 공간에서 쉴 새 없이 움직이며 새로운 스타일링을 창조해나간다. 그 전쟁 같은 라이브 작업을 위해 수장인 오민 대표님은 샵에서 출발하기 전 무릎에 붕대를 감았다. 나는 아직도 그 젊었던 오민 대표님이 허리를 숙이고 붕대를 감고 있는 모습을 잊을 수가 없다.

얼마 전 코로나19로 인한 3년간의 공백을 깨고 2023 S/S 서울 컬렉션이 성대하게 치러졌다. 그곳에서 나는 역시나 무릎에 붕대를 감은 오민 대표님을 만났다. 은발의 모습으로 변한 것 외에 27년 전과 똑같이 붕대 감은 무릎으로 열심히 쇼를 빛내고 있었다. 패션쇼를 하는 동안 백스테이지에서 수도 없이 많이 걷고, 뛰고, 오랫동안 서서 무대에 오르기 전 최종 마무리까지 직접 총괄하는 그 성실함과 노력이 칭칭 감은 붕대 안에서 고스란히 배어 나온다.

"대한민국 1호 뷰티 아트 디렉터 오민, 한국을 넘어 세계에 K-뷰티를 전파하겠다!"라는 헤드라인의 신문기사처럼 27년이 지난 지금도 뜨거운 마음과 한결같은 노력으로 '오민 K-컬처 글로벌 캠퍼스'를 설립할 거대한 계획을 세우고 있다.

아마도 수십 년 동안 보여준 그 성실함으로 이번 계획도 반드시 이루어 K-뷰티를 전파할 것임을 믿어 의심치 않는다. 이것이 권력이다. '패션쇼 뷰티 디렉터' 하면 '오민!'이라고 떠올리게 하는 힘. 그것이 맨파워(Man Power)이고, 바로 올바른 권력이다. 그가 그 분야에서 권력을 가질 수 있고, 지금까지 그 권력을 유지할 수 있는 이유는 바로 새벽부터 칭칭 감았던 그 붕대 안에 답이 있다.

어떤 분야에서든 독보적인 존재가 되기 위해서는 나를 분석하여 목표와 로드맵을 선정하고 열심히 노력하는 휴먼 스타일링을 해야 한다. 나만의 스타일링 요소를 찾고, 스스로 스타일링 연습을 하면서 나를 꽉 채워나가야 깡통 스타일링이 아닌 퍼펙트 스타일링, 즉 휴먼 스타일링이 될 수 있다.

깡통은 밟으면 쉽게 구겨진다. 안이 꽉 차 있으면 누군가 밟으려고 애를 써도 끄떡없다. 그 정도로 단단해졌을 때 맨 파워가 생기고, 우리는 올바른 권력을 가질 수 있게 된다. 올바른 권력을 갖기 위해서는 반드시 올바른 휴먼 스타일링이 필요하다.

**참고 문헌**


- 이언영, 「면접 이미지메이킹을 위한 사이버 셀프 패션 코디네이션 시스템의 활용 연구」, 이화여자대학교 대학원 박사학위 청구논문, 2007.
- https://www.youtube.com/watch?v=jJKJVn2RR_U
- https://biz.chosun.com/entertainment/tv/2022/05/31/KT6WBOMMSR4Z27JZK4H7FDXJ7A/
- https://m.mbn.co.kr/entertain/tv/4782644
- 이언영, 『스타일은 권력이다』, 라온 출판사, 2021.

PART
9

# 어쩌다 N잡러가 된 이주사

# 이연주

**Mobile**
010-7922-2235
**Email**
hjshn2235@hanmail.net, lyj0210@sb.go.kr

## 학력 및 경력사항

- 국민대학교 행정학 석사
- 대구대학교 사회복지학사
- 고려대학교 명강사 최고위과정 16기 홍보부회장
- 성북구 미래부동산 최고위과정 2기 재무
- 현 서울시 성북구 근무 (사회복지직 공무원)
- 현 한국 보건복지 인재원 강사 (지역복지 우수사례분야 전국 강사)
- 현 성북구청 창의 학습 (연계) 동아리 (찾아가는 행복인자) 동아리장
- 현 성북구청 창의 학습 (부서) 동아리 (드림(dream) 드림) 동아리장
- 전 성북구청 창의 학습 (거버넌스) 동아리(서(書)로 통하는 마따호쉐프) 동아리장
- 2018 찾동 수기공모전 (서울시 2등, 뚜벅뚜벅 찾동씨 우수사례집 수록)
- 2017 찾동 수기공모전 (뚜벅뚜벅 찾동씨 우수사례집 수록)
- 2018 성북구 행정우수사례 발표대회 (동아리분야) 수상

## 강의 분야

- 지역복지 우수사례 분야(전국 읍면동장, 복지팀장)
- 책 읽는 노원 만들기 독서 코칭 봉사단
- 하브루타 독서코칭, 청소년 진로코칭, 리더십, 웃음치료, 실버체육

## 자격 사항

- 행정사, 사회복지사 1급, 명강의 명강사 1급
- 리더십 지도사 1급
- 스피치강사지도사, 독서코칭 전문강사 1급
- 청소년 진로코칭 지도사, 보육시설장, 스마트폰 활용지도사 2급
- 행복웃음 자원봉사 지도사,레크레이션 1급, 실버웃음 체육지도사
- 웃음코디네이터, 요양보호사, 창의로봇 강사

## 수상 경력

- 서울시장 표창, 성북구청장 표창, 서울시의회의장 표창, 한국도시정책학회 표창 등 11회

## 저서

- 명강사 25시(공저)

01

# 프롤로그

누구나 그렇겠지만, 나 또한 좋은 사람들과 함께하는 시간을 무척이나 고대하는 사람이다. 내 카톡 프로필에도 늘 갖고 있는 신영복 시인의 시를 선물로 시작하려 한다.

*사람으로 읽어도 좋습니다.*
*삶으로 읽어도 좋습니다.*
*사람의 준말이 삶이기 때문입니다.*
*우리의 삶은 사람과의 만남입니다.*
*우리가 일생 동안 경영하는 일의 70%가 사람과의 일입니다.*
*좋은 사람을 만나고 스스로 좋은 사람이 되는 것이*
*나의 삶과 우리의 삶을 아름답게 만들어 가는 일입니다.*

*- 신영복 〈삶〉*

인생길이 조금씩 깊어질수록 가슴에 와닿고, 또 나이가 들어갈수록 사람과의 많은 인연들 속에서 내게 큰 영향을 미치는 것이 사람과의 일이라는 깨달음도 얻었기 때문이다. 좋은 사람들이란 만나면 편하고, 말과 행동에서 선한 진심과 열정이 묻어나고, 긍정적인 자극과 도전이 되는 한결같은 사람으로 나의 인간관계에 대한 철학이 고스란히 담겨 있는 시다.

02

# 사회복지공무원이란 뭘까?

## 공무원이 되어보니

나는 태어나서 자란 곳이 대구였고, 이모, 외삼촌들은 모두 서울에 사셨다. 그중 막내 이모는 현명하고 지혜로운 분이셔서, 당시 우리 가족은 이모에게 많은 것을 의지하며 산 것 같다. 대학교 학과를 결정할 때에도 "앞으로는 사회복지학과가 인기가 있을 것 같다"는 말씀을 하셨고 부모님은 이모 말씀대로 사회복지학과로 나를 보내셨다.

사회복지가 뭔지도 모른 채 가라고 해서 입학했던 그때는 1992년!! 한동안 학번을 얘기할 기회가 없었는데, 정말 오랜만에 불러본다. 92학번, 생일이 빨라서 대부분 73년생들이 나의 동기였다. 원했던 대학은 아니었고, 집안 형편상 안정권으로 장학생을 하려고 대학을 결정하고 4년을 다녔다. 단과대 수석 장학생을 노렸지만, 큰 압박감으로 정작 시험장에선 벌벌 떨면서 시험을 쳤던 기억이 있다. 그래서 입학할 땐 합격생에 불과했지만, 2학기부터는 웨딩홀 피아노 아르바이트도 병행하면서도 장학금을 놓친 적은 거의 없었다. 집안의 장녀로서 늘 가슴에 부담을 안고 살아 온 듯한데, 아직도 헌신과 희생은 당연하다고 생각하는 장녀 콤플렉스는 여전하다.

어려운 환경에도 부모님은 우리 세 자매에게 피아노를 가르쳐 주셔서 나는 대학교 4년 동안 웨딩홀에서 피아노 아르바이트를 줄곧 할 수 있었다. 졸업 후에는 잠시 노인복지 센터에서 근무했다. 사회복지사로 근무했지만, 졸업 후 이모 집에서 한 해를 보낸 탓에 후배 밑에서 일해야 했었고, 몇 개월 센터에서 보낼 무렵 대학 시절 근무했던 웨딩홀에서 올 수 없냐는 제안이 왔다. 그래서 다시 웨딩홀에서 근무를 하고 있을 때인 1999년 서울시 사회복지공무원 시험 계획이 발표되었다. 우연히 계획공고를 보았는데 그때 내 가슴은 쿵쾅쿵쾅 뛰었고, 내가 그 주인공이 될 것이라는 생각, 아니 되고 말겠다는 생각이 머릿속에서 떠나지 않았다. 바로 회사를 그만두고, 공무원 시험 준비를 5개월 동안 하여 그해 나는 합격통지서를 받게 되었다.

내가 시험을 치른 해는 1961년에 제정되었던 생활보호법이 2000년에 국민기초생활 보장법으로 시행되면서 사회복지직 공무원을 대거 뽑게 된 해였다. 2000년 2월부터 공무원 생활을 시작하게 되었다. 근무했던 동사무소(현 주민센터)에는 사회복지직 공무원은 늘 나 혼자였기 때문에 힘든 시간이 많았지만 버티고 견뎌왔다. 그때도 견딜 수 있었던 것은 주변에 좋은 동기들이 있었고, 그 동기들 또한 지방에서 많이

들 올라와 자취를 하고 있었기에 우린 동병상련의 마음으로 긴 시간을 함께했고, 지금까지 23년째 함께하기에 참 감사하다.

## 별별일 에피소드

15년 동안 했던 복지직 공무원의 역할은 국민기초생활보장사업을 중심으로 수급자 급여신청, 한부모, 장애인, 어르신 등의 대상별 신청과 제출 서류 및 소득·재산을 바탕으로 생활실태 및 건강상태 등을 파악하는 제도적인 복지 업무가 대부분이었다. 나 또한 모든 대상자별 업무를 다 해 보았기에 그동안의 이런저런 에피소드가 기억이 난다.

하나는, 2005년 6월 성북자활후견기관에서 처음으로 발간하는 월간 소식지의 인터뷰 대상자가 된 것이다. 사업단 기자들이 당시 내가 있던 안암동사무소로 와 인터뷰를 하였는데 내용을 보니 앞으로 자활후견기관에서 발행하는 소식지 "햇살자리"에 지역에서 복지업무를 담당하는 분들의 이야기를 담고 싶었다고 했다. 그래서 내가 하는 일, 사회복지담당으로 일하면서 보람 있었던 기억이 있는지 등을 여쭤보셨다. 많은 답변들 중 "예전에 근무했었던 동에서 만난 대상자분들 중에 아직까지도 발령근무지를 알고 찾아오시는 분들이 계셔서 미안하고 고마웠다."라고 했던 것이 기억에 남는다.

소식지가 발간되어 기념으로 내게도 한 부를 보내주셨는데, 감사한 마음으로 아직도 누렇게 변한 햇살자리 2005년 6월호를 기념으로 가지고 있다.

햇살자리 2005년 6월

또 하나는 내가 국민기초수급 대상자로 책정을 해 드렸던 분이 계셨는데, 책정 이후 고정적인 생계비가 매월 나오고 의료비 혜택을 받을 수 있게 되어 너무 고마워하셨다. 어느 날 출근해서 책상 서랍장을 열었는데 현금 5만 원이 비닐로 묶여 있었다. 나는 왠지 그분이 생각이 나서 전화를 드렸더니 전혀 모르는 일이라고 하셨다. 심정적으로는 그분인 것 같은데, 전혀 모르는 일이라고 하셔서 서울시 클린 신고센터로 접수를 했고 나로서는 너무나 당연한 신고였음에도 접수 유공 공적으로 서울특별시장 표창까지 받게 되었던 일도 기억에 남는다. 그렇게 나는 공공복지의 제도적인 복지에 관련된 다양한 일을 2000년부터 15년 정도 하였다.

03

# 찾동(찾아가는 동주민센터)은 뭘까?

## 서울시는 찾동!!

2015년 7월부터 서울시는 복지정책으로 찾아가는 동주민센터(이하 찾동이라 하겠다)를 시작했다. 그러면서 사회복지 담당공무원 인력을 대거 확충하면서 찾동은 복지팀 인력이 확대되어 2개의 팀이 생겼다. 성북구는 보건복지지원팀과 공공복지팀으로 나뉘었다. 보건복지지원팀은 방문중심 복지팀이고, 공공복지팀은 제도중심 복지팀이다. 2018년도부터 나는 보건복지지원팀 선임으로 일하게 되었다. 2018년 1월 초 복지플래너로서 나는 한부모 가정인 부자 가정을 방문하였는데, 대상자는 기면증의 희귀난치성 질환을 앓고 있었고, 집 안은 온통 어수선한 잡동사니와 담배꽁초로 가득했다. 그가 양육하고 있는 초등학생인 두 아들 또한 이미 학교로부터 청결 문제로 신고가 들어오기도 했던 가구였다. 초등학생을 양육하기엔 너무 힘든 가정환경으로 나는 이 가정에 무엇을 해줄 수 있을지에 대해 고민하였고, 내가 담당하고 있던 복지공동체인 지역사회보장협의체에 말씀드려 주거환경 개선을 위한 집수리를 해드렸다. 아이들을 위해서도 드림스타트센터 아동사례관리사와 연계하여 상담과 서비스 지원을 했고, 나도 주민센터 3층 강당에 있던 피아노를 활용하여 직접 재능 기부를 하고, 매주 토요일마다 아이들과 만나 피아노 캠프를 진행하였다.

아이들의 자신감과 창의력도 향상되고 무엇보다 즐거운 시간을 주기 위해 "위캔드(weekend) 위캔두(we can do) 꿈나루 행복캠프"란 캠프명도 만들었다. 주말에도 우리는 할 수 있고 아이들의 꿈을 실어 나르는 나루터 역할을 하는 행복한 캠프라는 의미에서 만들어진 이름이다. 피아노 캠프 수료식 날 아쉬움에 흐느끼는 아이들을 위해 피아노가 끝이 아니라고 얘기했고 그 후 레고 같은 블럭캠프, 독서캠프를 2018년 한 해 동안 지속적으로 추진했었다.

## 빛난 인생포인트

2018년도에 서울시에서는 25개 자치구 찾동 공무원의 수기공모전이 있었는데, 마침 공모시기가 내가 아이들과 피아노 수료식을 막 마쳤던 때였다. 나는 아이들을 만났던 따뜻했던 기억으로 아이들의 눈빛을 생각하며 캠프 때 느꼈던 생생한 감정을 충실히 담아 수기 공모를 했다. 그 결과 생각지도 않게 우수사례로 선정되어 "뚜벅뚜벅 찾동씨"라는 서울시 찾아가는 동주민센터 실천사례집에 수록되었다.

현장 인터뷰 "나에게 찾동이란" 질문에 "찾동은 자전거라 생각한다. 왜냐하면 자전거를 처음 배울 때 가장 기본은 중심을 잡는 것인데, 찾동도 마찬가지라고 생각한다. 자전거가 쓰러지는 이유는 두려움에 페달을 굴리지 않기 때문인 것처럼, 찾동도 두려움에 앞으로 나아가는 움직임이 없다면 쓰러진 곳에 그냥 머물게 된다. 자전거를 잘 타게 되면 두 손을 놓고도 중심을 잡아 나아갈 수 있듯이, 주민센터 공무원이 힘차게 페달을 굴리는 찾동도 마찬가지라고 생각한다."라고 답했다.

사실 피아노는 내가 어릴 때부터 좋아했고 사회복지가 아닌 피아노를 전공하여 피아노학원장이 되고 싶었던 소망이 있었기에 즐겁게 아이들을 가르쳐 줄 수가 있었다. 아이들의 꿈을 실어 나르기 위한 캠프였지만, 지나고 보니 이루지 못했던 나의 꿈을 싣고 있었다.

우수사례 실천사례집은 서울시 복지포털 사이트 교육자료실에 아직도 있으니 참고해도 좋다.

독서캠프 또한 독서토론에 관심이 많아 하브루타 독서코칭 전문강사와 청소년 진로코칭 지도사 자격증을 취득하였기에 쉽게 진행할 수 있었다. 또한 독서토론은 성북구 창의학습 동아리인 '서(書)로 통하는 마따호쉐프?(너의 생각은 무엇이니?)' 동아리를 직접 만들어 활동을 하였고, 처음에는 복지팀 직원들 4명에서 출발하였으나 이후 민간기관에서 일하는 분들과의 협력이 잘 되면서 민관이 함께하기 시작하여 민관거버넌스 동아리로 성장하게 되었다. 성북구 유일의 민관거버넌스 동아리를 이끌면서 2018년 성북구 행정 우수사례 발표 대회 때 유일하게 동아리 부문으로 참가하여 수상을 하기도 했다.

민관거버넌스 동아리를 하면서 민간기관분들과의 돈독한 만남이 이어지게 되었고, 동에서 관리했던 고위험 사례관리대상자에 대해서도 깊고 세심하게 살피고 성공적으로 돌볼 수 있게 되었다. 더 나아가 이 사례를 2019년도 서울시 찾동 공무원 수기공모전에 "민관거버넌스 협력을 넘어 특별한 동아리까지 잇다"란 제목으로 공모하여 200여 편의 서울시 찾동 공무원 수기공모작 중 2등을 하는 성과를 내기도 했다. 이 사례 또한 "뚜벅뚜벅 찾동씨"라는 서울시 찾아가는 동주민센터 실천사례집에 수록되었고, 서울시 복지포털 교육자료실에 찾동 우수사례 홍보영상으로도 제작되어 있다. 3편의 홍보영상 중 내가 공모한 내용으로 만든 영상은 강의자료로도 사용하고 있다.

그해 서울시에서는 2018~2019년도 2년 연속으로 우수사례로 선정

서울시 찾동 공무원 수기 공모전 시상식

되었던 유일한 찾동 공무원이라 언론 인터뷰도 서울시의 추천을 받아서 했고, 서울시 복지재단의 연감에서도 "찾동씨, 대한민국 복지혁신을 이끌다"라는 주제로 인터뷰를 했다. 또한 2020년도에도 서울시 복지재단 추천으로 "찾동 2.0 복지사업의 효과성 제고 방안 연구" 관련 서울시 25개구 찾동 선임공무원 중 18명을 대상으로 하는 F·G·I(Focus Group Interview)에도 응했다. 지금 보니 찾동 수기공모전에 연속 수상을 하게 되면서 새로운 경험들을 많이 했었던 것 같고 2018년부터 2022년 현재까지 보건복지지원팀에서 근무하면서 다양하게 많은 일을 했다.

## 하다 보니 늘더라

돌이켜 생각해보면 나의 팀장님들은 퇴직을 코앞에 둔 분들이 많았기에 선임인 내가 대신해 공식적인 마이크를 잡는 일이 많았다. 무대에 설 수밖에 없는 일이 많아지다 보니 마이크를 잡는 것이 조금 자연스러워진 것 같다.

민선 7기 취임 1주년 및 개청(성북구청) 70주년을 맞이해 2019년 찾동 성과공유대회인 '찾동 2.0 미래를 그리다' 행사도 200여 명이 참석한 자리에서 성북찾동이를 대표하여 후배 고요한 주무관과 함께 사회를 보았는데, 그때 이승로 성북구청장님께서 "외부 강사님이 아니고 직원이에요? 잘했어요."라고 칭찬해주셨다. 또한 2022년 노인의 날 기념 섬김의 효 실천 나눔행사 때도 청장님께서 사회를 잘 본다고 칭찬해주셨다. 이 글로써 칭찬해주신 구청장님께 감사의 마음을 전달해드리고 싶다.

주변에서 나를 지켜본 직원들은 즐기면서 일을 한다고 한다. 말로는 힘들다고 했지만 힘듦보단 즐거운 모습들이 많았기에 정작 얼굴에서는 즐거움이 묻어났나 보다. 2018년~2019년도에는 일을 하면서 대학원도 다녔고, 최고위 과정도 수료했다. 과거 동아리도 이끌면서 여러 행사들을 진행하고 인터뷰 요청에도 흔쾌히 수락하며 하루하루 바쁘게 살다 보니 어느새 이 자리까지 온 것 같다.

04

# 공무원 N잡러는 뭘까?

## 현실이 된 소망

올 초부터 서울에는 눈이 많이 내렸다. 눈 덮인 날에 공무원들은 눈을 채 느끼기도 전 제설작업을 해야 한다. 그렇게 기상청의 한파예보를 예의주시했던 2022년 1월의 어느 날... 공문이 하나 접수되었는데, 보는 순간 한동안 느껴보지 못했던 가슴 떨림이 있었다.

2022년 한국보건복지 인재원에서 지자체 신규 강사를 전국단위로 공개 모집한다는 내용이었다. 복지현장에서 현업 중심 교육과정의 필요성이 대두됨에 따라 현장 강사 발굴의 필요성이 있었던 것이다. 모집 분야는 지역복지, 기초연금, 기초생활보장 분야였다. 지역복지 분야도 세부 분야로는 간호직 교육, 지역복지 우수사례, 협의체 지역복지사업 우수사례, 지역사회보장협의체 운영 실무 분야였다. 지역복지 우수사례는 내 업무와 관련이 깊었기에, 전국 단위로 5명을 모집하는

복지팀장인 친구가 찍은 찾아가는 복지팀장 강의 사진

현장 강사의 지원서류는, 강의 계획서, 강의 경력 및 경험 증명서, 1분 자기소개 영상이었다.

나는 막연하게 공무원 생활을 마치기 전에 마지막으로 꼭 해 보고 싶었던 것이 "강의"였다. 평소 생각했던 것을 공문으로 보게 되니 내 가슴은 마구 뛰었다. 모집 인원이 5명으로 적지만 진심을 다해 계획서를 제출하면 50이란 나이에도 될 수 있을 거라는 긍정의 마음을 가졌다. 강의 경력은 없었지만 제출서류 중 강의 계획서와 자기소개 영상(왠지 영상은 자신이 없어)은 녹음으로 대신하여 진정성 있게 전달하려고 노력했다. 2월 초에 서류를 제출하고 선정 결과는 2월 말로 연기 발표되었다. 점심을 먹다 받은 문자 메시지에 놀라 "어머, 웬일이야?"를 큰소리로 외쳤는지, 팀장님께서 무슨 일인지 하고 놀라셨지만, 공직생활을 하면서 이렇게 좋은 경험을 할 수 있어 너무 잘된 일이라고 아낌없이 응원하고 격려해주셨다.

## 이젠 강사 요이 땅!!

강사로 선정된 이후 나는 3월에 2일간 2022년 지역복지강사 양성교육과정에 줌Zoom으로 전국의 강사들을 만날 수 있었다. 강사분들을 보면서 나의 부족함을 많이 느꼈다. 강사교육이라 그런지 보통 줌교육의 수강생들은 소극적인 반응인데 반해 이 교육에서는 적극적인 참여를 필요로 해 더 떨리기도 하고 힘든 부분도 있었지만, 교육을 통해 강사에 한 발짝 더 다가갈 수 있었다. 지역복지강사 양성교육 이후 바로 강의 의뢰 공문 요청이 있었다. 처음 나의 강사공모 의도는 내가 했던 사업이나 사례들을 후배들에게 알려주고 싶다는 생각이었는데, 막상 공문 내용을 보니 직급이 높은 전국에 계시는 읍면동장님들과, 복지팀장님들이 대상인 교육이라 처음엔 부담이 되긴 했었다. 그렇게 나는 지역복지분야 강사로서 첫발을 들이게 되었다.

강의장에서 만난 대학 동기

2022년 5월 처음으로 전국에 계시는 찾아가는 읍면동장 강의를 시작으로 6월에는 복지팀장님들을 대상으로 강의를 하였다. 코로나19로 줌수업으로 이루어졌는데, 잘한다는 응원의 메시지를 주실 때면 정말 힘이 났었다.

## 동창회로 연결된 강사

올해 가장 특별했던 강의를 꼽으라면 바로 나의 고향인 대구교육센터로 읍면동장님과 복지팀장님들을 뵈러 갔었던 10월의 교육이었다. 읍면동장 교육 때는 아는 분이 없었지만, 복지팀장 교육 때는 대구 경북지역의 팀장님들이 많이 오셨다. 그런데 이게 웬일인가? 정말 신기하게 대학 동기를 만나게 되었다. 20년 이상의 세월이 흐르고 만난 동기들, 팀장과 강사의 관계로 만난 것도 특별했는데, 그동안 못 만났던 고등학교 동기들까지 나를 보기 위해 퇴근 후 한걸음에 달려왔다. 고맙다. 나의 친구 재경아, 숙희야, 은희야.

이 친구들과 12월에는 서울에서 동창회를 할 듯하다. 내가 강사가 안 되었으면 동기들 얼굴도 평생 못 보고 살았을 텐데…. 나에게는 강사가 곧 감사 그 자체였다.

또한 나의 좋은 관리자분이신 이명주 동장님과 배해일 팀장님께서는 편한 마음으로 강의를 할 수 있게 늘 칭찬과 응원의 메시지를 보내주셔서 감사한 마음이 크다.

## 배우고 익히고 가르친 독서코칭

노원구에서는 2015년도쯤 하브루타 독서토론 강좌가 많아졌고, 하브루타(나이 계급 성별에 관계없이 두 명이 짝을 지어 질문, 토론, 논쟁하는 교육법)가 뭘까 궁금해 독서토론 강의를 배웠다. 더 나아가 하브루타 독서코칭 전문강사와 청소년 진로코칭 지도사 자격증까지 취득해 독서코칭 전문강사로 내가 살고 있는 노원구의 책 읽는 노원 만들기 독서코칭 봉사단으로도 활동하고 있다. 배우고 익히고 가르친 독서코칭이다. 하브루타는 성북구 직원들과도 "서로 통하는 마따호쉐프?(너의 생각은 무엇이니?)" 동아리를 만들어 복지대상자와 1:1 멘토링을 통한 독서캠프를 진행하고 이후 민관거버넌스 동아리로 성장시켰다.

현재도 3년 차 이하 경력의 사회복지공무원과 "드림(dream) 드림" 동아리를 통해 복지업무 매뉴얼 공부와 독서토론을 하고 있고, "찾아가는 행복인자(행정·복지·인문학 자리)"로 동아리장 활동을 하고 있다. 행정과 복지의 달인들을 벤치마킹해서 배우고, 나의 독서토론 기법도 재능 나눔을 하면서 조직 내 독서문화에 작은 기여를 하고 있다고 생각한다.

본업인 공무원 외에도 전국에서 강사 활동도 하고, 독서코칭 봉사단 활동을 하면서 내가 가진 작은 재능을 발휘하여 자아실현을 하고 있는 요즘 나는 정말 바쁘다. 하반기에는 좀 더 실력 있는 강사가 되기 위해 고려대도 다니고 있으니 24시간이 모자란 느낌이지만, 하루하루는 늘 보람되고 감사한 마음이었다. 그중, 너무나 훌륭하신 분들을 많이 만나고, 배우게 된 것이 가장 감사하고, 좋은 인연에 보답할 기회가 많았으면 하는 바람이다.

05

# 에필로그

내가 앉아 있는 이 자리에서, 특히 찾동 공무원으로서 나는 많은 것을 이루었다고 생각한다.

지나고 보니 늦은 늦해도 늦은 게 아니었다는 생각이 들었다. 오히려 실무 일을 좀 더 길게 하다 보니 경험들을 더 쌓게 되었고 피곤하더라도 편안하게 잠자리에 든 나의 하루는 꽤 괜찮았던 하루였던 것이다. 내년이면 내 나이는 하늘의 뜻을 알았다고 하는 지천명, 50세이다.

나이 50을 바라보며 올해는 스스로에게 질문을 던지며 나만의 해답을 찾으려 노력했다. 한 치 앞도 알 수 없는 나의 남은 인생을 어떻게 살아야 할까? 잘 살아간다는 건 어떤 의미일까? 내 삶의 의미는 어디에 있을까? 지금 내가 이곳에 존재하는 이유는 무엇일까? 이런 질문에 대한 고민을 해 보았다. 고민 자체로도 이미 나는 철학적인 고뇌를 하고 있으며, 나름 내 삶을 바르게 살기 위해 노력하고 있다고 긍정적으로 생각한다.

진정성 있는 따뜻한 사람들과의 관계 속에서 자연스레 일도 연결되면서 편안하게 할 수 있었다. "따뜻한 진정성"이 나의 강점이란 생각이 들고, 이는 존재 가치에 의미를 두는 단어이기도 하다.

"은퇴 후에 나는 어떤 삶을 살까?" 하는 고민을 해 본다. 아직은 희미한 꿈이긴 하지만, 내가 가지고 있는 작은 공간이 있다. 은퇴 후엔 이 작은 공간이 가장 지혜롭게 쓰이길 원한다. 내가 좋아하는 사람들이 언제라도 편하게 올 수 있는 공간, 저 멀리 있는 고향 친구들도 마음 편히 쉬다 갈 수 있는 공간, 내가 좋아하는 사람들 간의 진정한 소통과 선하고 아름다운 나눔이 있는 공간으로 만들고 싶다. 내가 가진 강점들을 사회에 기여하면서 살고 싶고, 보다 더 가치 있는 일들이 이뤄질 수 있는 행복한 공간이 되길 기도하고, 꿈꾸고 있다. 하루하루 사랑하는 사람들과 함께하는 삶 속에서 보다 더 뚜렷한 꿈이 이뤄질 것이라 기대한다.

늘 나에게 힘이 되어 주고, 따뜻한 손을 내밀어주는 사랑하는 사람들을 향한 감사한 마음을 내가 할 수 있는 작은 기여를 통해 두고두고 베풀면서 살고 싶다.

"삶"은 곧 사람이고, "사람"은 곧 삶이니까….

PART 10

# 어머니 그리워 그리워

大金
# 이영만

**Mobile**
010-2311-2875
**Email**
epd810@hanmail.net

## 학력 및 경력사항

- 한림대학교 치의학 석사, 박사
- 예원예술대학교 문화예술관광학 석사
- 서울대 총동창회 종신이사
- 은평치과의원 대표원장
- 대한치과의사협회 31대 기획이사
- 날개형 임플란트 발명특허 제10-1738953외 5개 특허 보유
- 한국자유총연맹 은평지회장
- 은평문화원 부원장, 은평문인협회 이사
- 한국 라이온스클럽354-C지구 지역부총재 역임
- 고려대 명강사 최고위과정 16기 원우 회장

## 강의 분야

- 건강, 작사기법, 스피치, 경영 마인드

## 자격 사항

- 장례지도사 자격증, 인성교육강사 1급
- 심리상담지도사 1급, 명강의 명강사 1급
- 부모상담사 1급, 인성지도사 1급, 스피치지도사 1급
- 시니어지도사 1급, 노인교육강사 1급, 바리스타 2급
- 임플란트 인증의 자격증
- 대한치과 턱관절교합학회 인정의 자격증

## 수상 경력

- 국무총리표창, 2021 올해를 빛낸 한국인 대상
- 2021 은평구 봉사대상, 경찰청장 감사장
- 행자부 장관 표창장 외 100여 회 수상

## 저서

- 어머니 그리워 그리워, 엄마의 노래(시집)
- 언어의 힘(민영욱 공저)
- 살아가는 이야기(치과의사 39인 공저)
- 열정(정세균 전 국회의장 공저)

01

# 꿈엔들 잊힐 리야

**'수구초심' 나고 자란 고향 그리워하는 정서 오죽할까**
**어린 시절 추억 안주 삼아 술 한잔 나눌 생각에 설레**

불광동에 자리 잡은 은평치과에서 어머니가 계신 신원동 전원마을까지는 차로 불과 20~30분이면 달려간다. 전라도 고향 땅에서 어머니를 모셔와 제2의 고향이라고 정을 붙여온 곳이다. 일주일에 절반은 그곳 농막에서 어머니와 잠을 자고 출근한다. 올해로 벌써 17년째인데 다행스럽게도 어머니는 쓸쓸한 내색 없이 농사일에 재미를 붙이셨다. 처음에는 물가에 어린 자식 내놓은 것처럼 낮 동안 홀로 계신 어머니 걱정에 일이 손이 잡히지 않기도 했다.

그래도 불안을 떨쳐버릴 수 있는 이유 중 하나는 어머니 곁에 진돗개 '두부'가 마치 자식처럼, 호위병처럼 버텨주고 있기 때문이었다(정겨운 이름 지어준다고 고양이에게는 '만두', 진돗개는 '두부'라고 했는데 그 녀석 엄마는 10년 두부를 낳고 죽었다). 얼마나 영특하고 믿음직한지 내가 퇴근하면 멀리서 알아보고 어서 오라고 반기며 춤추듯 뛴다. 마치 "오늘도 어머니와 재밌게 잘 놀았어요." 하고 말하는 듯. 참으로 대견하고 고맙기 그지없는 두부다.

두부를 볼 때마다 20여 년 전 화제가 되었던 진돗개 '백구'가 생각난다. 진도에서 대전으로 팔려간 백구가 7개월 동안 300km의 거리를 달려 천신만고 끝에 옛 주인의 품으로 돌아왔다는 이야기는 국민적인 감동을 자아냈다.

동물에게 귀소본능이 있다는 것은 잘 알려진 사실이지만 나고 자란 품의 정이 그리워 그 먼 길을 찾아온 백구의 행위는 본능을 넘어선 것으로 받아들여졌던 것이다.

수구초심(首丘初心)이라고 했다. 여우가 죽을 때 제가 살던 굴이 있는 언덕 쪽으로 머리를 둔다는 뜻이다. 짐승도 그렇거니와 나고 자란 고향을 그리워하는 사람의 정서는 오죽할까. 개나 고양이는 오줌으로 자기의 영역을 표시한다고 하는데 이런 본능은 사람을 포함하여 어미의 젖을 먹고 자라나는 모든 포유류(Mammalia)의 DNA가 아닌가 싶다.

우리는 고향이란 말만 떠올려도 도시의 소음과 불빛에 찌든 오감이 편안해지는 카타르시스를 맛보지 않는가. 고향은 어머니의 자궁(子宮)과 같은 힐링의 땅이다. 흙수저의 아들로 태어나 땅의 향기를 맡으며 자란 고향. 까만 고무신 밑창이 뚫어지도록 황금 들녘의 바람 속을 달리며 메뚜기를 잡고 시냇물에서 송사리 잡던 어린 시절. 무수한 발자국과 함성이 찍히고 서린 고향의 땅과 하늘, 어머니의 품과 같은 그 공간에서 배고파도 고픈 줄 모르고 뛰놀던 필자의 뼈와 살은 고향의 바람과 물로 자라난 것이 아닌가.

나이가 들수록 고향의 정경과 추억이 새록새록 간절하고도 선명해지는 것을 느낀다. 꿈에서도 종종 사라진 그 시절의 모습들이 온전히 되살아난다. 모태(母胎)로 회귀하고자 하는 귀소본능의 작용이 아닐 수 없다.

*돌이켜 보는 시간의 오솔길 / 꿈길처럼 건노라면 떠오르는 / 어린 날의 허물어져버린 고향집 / 부엌 아궁이의 불꽃 / 뒤란 장독대의 고추잠자리 / 뒷간의 구수한 내음 / 그림자 속에 사라진 굴뚝 연기 / 골목길 친구들의 왁자한 웃음소리 / 눈 감으면 떠오르는 고향땅 고향하늘의 빛 / 산마루 어디쯤 머물고 있을까 //*

*삼시 세끼 넉넉지 않아도 / 배고픈 줄 몰랐던 동무들 / 뒷산에 지게 지고 올라 나무하고 / 시냇물 따라 송사리 피라미 잡던 / 코흘리개 벌거숭이 시절 //*

*지금은 어느 하늘에 구름처럼 머물고 있을까 / 날이 갈수록 새뜻하게 떠오르는 친구들 / 깊은 가슴속 배부른 추석 / 보름달 아래 술래잡기 하자고 / 그 고향 냄새 오늘 밤 벅차게 눈에 차오른다 //*

*동네 어귀 키 큰 하얀 미루나무 흔들던 소슬바람 / 지금 어디서 불*

*고 있을까 / 이 거리 저 거리 헤매고 다녀도 / 마침내 돌아갈 그리운 고향의 품 / 밤하늘 높이 총총한 별 무리 / 가슴에 쏟아져 내린다. //*

*- 졸시, 「그 시절의 기억들 2」*

그래서 일 년에 최소한 두 번, 설과 추석에는 고향 땅을 밟아야 속이 후련하게 풀린다. 정 붙이고 살면 어디든 고향이라고 하지만 나고 자란 고향을 어찌 잊을 수 있을까. 나의 고향은 전북 완주군 화산면 화월리. 올해도 설에는 어머니 모시고 아내와 자식들과 함께 고향에 다녀오려 한다. 나의 고향은 전북 완주군 화산면 화월리. 동네 어귀에 들어서는 순간 나는 동심의 세계로 빠져들 것이다.

어머니와 함께

올해는 고향 땅 지키는 동네 어르신을 몇 분이나 뵐 수 있을는지. 어릴 적 때때옷 입고 세배하던 그분들의 넉넉했던 모습이 삼삼하게 떠오른다. 타향 각처로 흩어졌던 동무들은 몇이나 모여들는지. 둘러앉아 어린 시절 추억을 안주 삼아 술 한 잔 나눌 생각하면 가슴이 설렌다. 얼큰하게 취기가 오르면 바로 그 노래 '향수(鄕愁)'도 불러보고 싶다.

"넓은 벌 동쪽 끝으로 옛이야기 지절대는 실개천이 휘돌아 나가고, 얼룩배기 황소가 해설피 금빛 게으른 울음을 우는 곳, 그곳이 차마 꿈엔들 잊힐리야."

02

# 어머니의 호박

**어린 시절 어머니가 끓여준 애호박 된장국 늙은 호박죽**
**지워지지 않을 모성 사랑과 향수 대명사 자리 잡게 해줘**

종일토록 환자들의 구강을 들여다보며 치아를 고치다가 퇴근 무렵이 되면 마음부터 먼저 달려가는 곳, 바로 어머니와 나의 농장이다. 자동차로 20분이면 당도하는 그곳엔 보석 같은 별과 쟁반 같은 노란 달이 선명하게 빛나는 밤하늘이 열리는 곳이다. 또한 우뚝 선 참나무들이 수도승처럼 도열하여 숲을 이룬 곳이기도 하다. 상쾌한 바람이 감도는 그 속에 서면 하루의 피로가 말끔하게 가시며 여유롭게 시상이 떠오르기도 한다.

요즘 농장에서 특히 나의 마음을 사로잡으며 많은 상념을 떠올리게 하는 것이 있다. 아직 서리가 내리기 전이라 달맞이꽃과 함께 뒤섞여

노란 듯 붉은 듯 피어있는 호박꽃과 보름달처럼 커진 늙은 호박이 바로 그것이다.

*텃밭 양지바른 녹슨 철길 뚝방 아래 거름 한 주먹씩 던져주며 어머니가 뿌려놓은 호박씨 노랗게 꽃 필 때면 호박꽃도 꽃이냐고 핀잔만 주더니 오색 물결 익어가는 가을에 둥근 달처럼 잘생긴 노란 호박 너야말로 늙어 사랑받는구나 주름진 어머니의 얼굴인가 너도 좋아 나도 좋아 호박처럼 늙어 가고 싶다.*

*-졸시, 「어머니의 호박」 전문*

호박을 예찬하노라니 친구 시인의 「그 이름 호박꽃」이란 시가 떠오른다.

*요염하지도 도도하지도 않네. 못생겼다는 오랜 편견에 항변도 없네. 그저 은은하게 자신의 빛을 호롱불처럼 밝힐 뿐. 바라보기만 해도, 이름만 불러봐도 왠지 마음이 푸근해지네. 어떤 푸념도 투정도 다독여주는 어머니의 손길인가. 어떤 비애도 분노도 녹여주는 어머니의 가슴인가. 멀고 먼 순례의 길 끝나고 고향 찾아 돌아가는 길에 환한 빛으로 맞아주는 잊었던 임인가. 토담 너머 된장국 냄새와 어우러져 다가오는 수더분한 순정이여.*

서로 다른 두 사람의 호박을 바라보는 시선은 은근한 공통점이 있다. 수수하고 꾸밈없는 겉모습에 대한 친근함이 그 우선이겠고 거기에 더해져 포근하고 따뜻한 느낌이 흐른다. 그뿐이랴. 호박에서 시작되는 두 시의 감정은 어머니와 어릴 적의 기억으로 연결된다. 게다가 호박의 감정은 푸근하고 토속적인, 그래서 친숙하고 편안한 된장국과 늙은 호박죽의 느낌으로 모아진다.

왜 이처럼 호박에 대한 각별한 정감이 우리의 기억에 내재되어 있는 것일까? 나의 경험과 기억으로 헤아려 보자면, 아마도 어린 시절 어머니가 끓여준 애호박 된장국과 늙은 호박죽과 연관이 있지 않을까 싶기도 하다. 먹거리가 풍족하지 않던 시절에 호박은 참으로 손쉽게 거둘 수 있는 귀한 찬거리였다. 거기에 어머니의 정성과 손맛이 더해진 애호박 된장국과 호박죽은 나의 입맛의 기본을 형성하게 해주었고, 동시에 지워지지 않을 모성의 사랑과 향수의 대명사로 자리 잡게 해준 것이라고 생각하게 된다.

생각만 해도 침이 고인다. 몸도 마음도 허기질 때, 값비싼 회나 육고기의 진수성찬도 왠지 식욕을 돋우지 못할 때 어머니의 호박 된장국, 호박죽이 생각난다. 오늘날까지 환자와 씨름하는 격무에 시달리면서도 나의 건강의 기초를 건사해준 것은 다름 아닌 '어머니의 호박'이라고 느껴진다. 비타민A가 풍부하여 눈 건강에 좋고, 섬유질 또한 풍부하여 변비, 대장암, 전립선, 당뇨에 좋으며 피부에도 좋은 효능을 갖고 있다는 호박. 늙은 호박은 칼로리가 낮은 식품이다. 100g에 27kcal로

칼로리는 낮지만 포만감을 주어 다이어트에 좋은 식품으로 알려져 있다. 게다가 늙은 호박은 부기를 완화해주고 치유해주는 효과가 있다. 비타민A가 되는 카로틴과 비타민C, 그리고 칼륨, 레시틴 등이 풍부해서 회복기의 환자나 위장이 약한 사람, 소화 기능이 상대적으로 약한 노인이나 매운 것, 신 것 등 맛이 강렬한 음식을 피해야 하는 산모들에도 매우 좋은 음식이다. 해독작용이 뛰어나 숙취 해소에 도움이 된다고 하니 늙은 호박이 많이 생산되는 요즘에 호박즙 한두 박스 구입해 먹는 것은 건강에 도움이 될 것 같다. 이렇게 놀라운 효능을 가진 호박이라면 호박 먹기 국민운동이라도 벌여야 하지 않을까 싶다.

이제 호박이 제대로 충분히 익으면 수확해서 거실에 쌓아둘 것이다. 보기만 해도 마음이 풍족해지는 늙은 호박탑! 삶이 팍팍하고 힘겨울 때는 호박을 생각하자!

우리 속담에 "호박이 넝쿨째 떨어졌다"라거나 "호박이 떨어져서 장독으로 굴러 들어간다"고 했다. 뜻밖에 좋은 물건을 얻거나 행운을 만났다는 뜻으로 쓰이는 속담이다. '세렌디피티(Serendipity)'와 일맥상통하는 의미가 있지 않을까 싶다.

구수한 된장국 내음이 코를 스치는 순간 어머니가 부르신다.

"영만아! 저녁 먹어라."

노모와 함께 오붓하게 저녁밥을 먹는 시간.

가을밤의 별빛 속에 도란도란 속삭이는 호박의 이야기가 들리는 듯하다.

03

# 나목처럼

**육신의 소멸은 영혼의 탄생으로 이어져 가슴에 살아 봄의 믿음이 있듯 의연하게 기다리는 나목의 의지를**

습관처럼 새벽에 깨어나 어둠 속을 걷는다. 어머니의 발걸음이 무수히 찍혀 있으며 손길이 곳곳마다 머물렀던 농장 구석구석을 걷는다. 차가운 겨울바람 속에 어머니의 체취가 묻어나는 듯하다. 파노라마처럼 스쳐 가는 어린 시절의 추억을 떠올리며 나직하게 동요를 불러본다.

*"손이 시려워 꽁! 발이 시려워 꽁! 겨울바람 때문에 꽁! 꽁! 꽁! 손이 꽁꽁꽁 꽁! 발이 꽁꽁꽁 꽁! 겨울바람 때문에 꽁! 꽁! 꽁! 어디서 이 바람은 시작됐는지 산 너머인지 바다 건넌지 너무너무 얄미워 손이*

*시려워 꽁! 발이 시려워 꽁! 겨울바람 때문에 꽁! 꽁! 꽁! 손이 꽁꽁꽁 꽁! 발이 꽁꽁꽁 꽁! 겨울바람 때문에"*

아버지를 일찍 여의고 홀로 언제나 내 곁을 지켜주었던 어린 날의 어머니. 필자의 언 손을 녹여주던 어머니의 체온이 느껴져 울컥 눈물이 솟아난다. 고향 선산에 어머니를 묻은 지 두 달이 지났건만, 아직도 어머니는 이 농장을 감싸고 부는 바람과 더불어 떠돌고 계신 것 같다. 아니, 나의 가슴 속에, 나의 추억 속에 그때의 모습 그대로 다정하게 웃고 계신다.

발인하는 날 새벽에 마지막으로 영정 사진을 모시고 이 농장을 돌 때, 나의 가슴에는 그야말로 주체하기 힘든 겨울바람이 몰아쳤다. 쇼팽의 '에튀드 겨울바람 Op.25 No.11'에서 느끼는 광풍의 파도였다.

벽제 화장터에서 두 시간 만에 한 줌의 하얀 가루가 된 어머니의 육신을 품을 때 필자의 가슴은 오히려 조용한 눈물과 함께 진정이 되었다. 비로소 어머니의 죽음이, 어머니와의 이별이 차분하게 몸으로 느껴졌다. 그 순간 어머니의 모든 삶이 나의 세포와 의식 속에서 새롭게 이식되는 것처럼 여겨졌다. 모자의 혈육은 그렇게 승화되어 연결되는 것이라고 생각했다. 육신의 소멸은 영혼의 탄생으로 이어지는 것이니까. 어머니는 필자가 지은 노랫말처럼 내가 지상의 삶을 다하는 날까지 나의 가슴에 살아계실 테니까.

*"어두운 밤하늘에 홀연히 뜨는 저 별은 / 꽃 같은 별이던가 별 같은 꽃이던가 / 보릿고개 눈물고개 모질게 넘기시고 / 흙이 좋아 흙에 묻혀 살던 어머니 / 얼굴선이 / 아직도 고우신 어머니 / 허리는 기역 자로 굽으셨네 / 모정에 슬픈 강물 가슴에 흘러 흘러 / 눈물도 보석이 되었네 / 아 아 많이 야위신 어머니 살아 계셔서 행복해요 / 아무리 불러도 / 포근한 당신에 이름이여 / 어머니 어머니 사랑합니다 어머니"*

*-'모정' 남진 노래, 이영만 작사*

전라도 완주 선산에 어머니를 모시고 돌아오는 버스 안에서 나는 어머니를 향해, 그리고 필자의 지인들을 향해 마지막 편지를 썼다.

이영만, 남진, 작곡가 차태일

*어여쁜 소녀가 마침내 고향으로 가셨습니다. 어머니 길 떠나신 날, 하늘도 울었나 봅니다.*

*한겨울 안개 바람 속에서 고요히 떠나신 어머니. 아무것도 손에 쥔 것 없이, 빈손으로 왔다가 빈손으로 가는 허무한 인생길, 지난 세월 돌아보니 한순간 꿈이었군요. 어머니와 함께한 희로애락의 순간순간들이 한날의 꿈이었습니다.*

*소녀 어머님이 떠난 빈자리를 어찌 감당해야 할까요. 천국의 하늘을 자유로운 영혼으로 맘껏 떠도시더라도 제 꿈속에서 안부 전해주세요.*

*부디 안녕히 가세요, 어머니! 52년 전 먼저 가 계신 아버님 손잡고 편히 잠드셔요.*

*꽃처럼 어여쁘신 소녀 어머니, 잠든 모습이 너무 이뻐요.*

*사랑합니다, 나의 어머니, 영원토록 그리워할 나의 어머니.*

동쪽 새벽하늘이 붉어지며 서서히 태양이 떠오르고 있다. 오늘의 태양이다. 거센 바람이 한결 부드러워졌다. 어둠을 걷어내며 고요한 숲이 모습을 드러내고 있다. 바싹 마른 억새는 서로 몸을 비비며 서걱대고 하늘 향해 치솟은 참나무는 벌거벗은 채 휘청이고 있다. 주검의 그림자만이 일렁이는 이 겨울 숲에도 멀지 않아 봄바람이 불면 새로운 생명의 움이 솟아나겠지. 그것이 거스를 수 없는 자연의 순리가 아닌가. 그 순리 속에서 우리는 또 희망을 갖고 생의 의지를 가다듬는 것 아닌가. 고 박완서 작가의 소설『나목』의 끝부분에는 다음과 같은 구절이 있다.

*"… 그러나 보채지 않고 늠름하게, 여러 가지들이 빈틈없이 완전한 조화를 이룬 채 서 있는 나목, 그 옆을 지나는 춥디추운 김장철의 여인들. 여인들의 앞엔 겨울이 있고, 나목에겐 아직 멀었지만 봄에의 믿음이 있다. 봄에의 믿음. 나목을 저리도 의연하게 함이 바로 봄에의 믿음이리라."*

우리는 저마다 숲속에 홀로 선 한 줄기 억새이며 한 그루 나목이 아닐까?

어머니에 이어 누이와 동생마저 저세상으로 떠나보낸 올겨울의 혹독한 찬바람 속에서 나는 그야말로 나목이었다. 그러나 봄의 믿음을 가지고 나는 노래하리라. 그대와 여러분과 더불어 노래하며 봄을 맞이하리라.

*"여러분 덕분에 당신 덕분에 / 오뚝이처럼 다시 일어나 여러분 덕분에 / 뭐 그리 잘난 것도 잘난 것도 없는데 / 미안하고 감사합니다 / 무너지고 쓰러지고 / 주저앉고 포기하고 싶을 때 / 사랑의 이름으로 울분의 세월을 견디며 / 마음을 다스리며 살았네 / 폭풍 같은 사랑으로 버팀목이 되어준 / 여러분 덕분에 당신 덕분에"*

*- '덕분에' 송대관 노래, 이영만 작사*

남진 '모정', 쟈니리 '바보사랑', 조관우 '엄마의 노래', 강진 '족두봉', 박

송대관과 함께

조관우와 함께

건 '봄비연가', 김태희 '해운대사랑', 송대관 '덕분에' 등 40여 곡의 대중 가요를 작사하던 시절이 떠오른다.

04

# 죽음아,
# 주검아 굿바이!

## 장례지도사 국가자격증을 취득하며

어머니는 내 곁에 언제까지나 오래도록 살아계시리라 믿었다. 어머니가 안 계신 세상, 어머니가 돌아가시는 상황은 꿈에도 생각하기 싫었다.

그래서 '엄마의 노래'란 나의 노래는 살아계신 어머니를 위한 헌정시로 썼는데, 이것을 가사로 작곡한 노래가 가수 조관우 선생에 의해 불리게 된 것이다.

*"울 엄마가 불러주던 / 콧노래가 그립습니다 / 문 앞을 서성이며 밤 새우시다 / 주름 깊었네 / 모진 세월 눈물도 / 한숨으로 삼키시며 / 한 평생 자식 위해 살아온 당신 / 어머니 사랑합니다 / 사랑합니다 / 어머니 사랑합니다"*

그러나 어머니는 지난해 7월 8일 뇌경색으로 쓰러져 입원해 계시다가 결국 12월 14일 하늘나라로 여행을 떠나시고 말았다. 이 노래가 많은 이들의 사랑을 받으며 한창 전해질 무렵에 92세로 고인이 된 것이다.

성경에 "그러므로 모든 육체는 풀과 같고 그 모든 영광은 풀의 꽃과 같으니 풀은 마르고 꽃은 떨어지되(벧전1:24)"라는 말씀이 떠올랐다. 비로소 비통한 나의 가슴에 죽음의 실체가 각인되었다. 누구든 죽음 앞에 예외자는 없다. 인간은 태어날 때부터 죽음을 선고받은 유한한 존재가 아닌가.

'메멘토 모리(Memento mori)'는 '자신의 죽음을 기억하라' 또는 '너는 반드시 죽는다는 것을 기억하라'는 뜻의 라틴어이다. 로마에서는 원정에서 승리를 거두고 개선하는 장군이 시가행진을 할 때, 노예를 시켜 행렬 뒤에서 큰소리로 외치게 했다는 '메멘토 모리'. 오늘은 개선장군이지만, 너도 언젠가는 죽는다. 그러니 겸손하게 행동하라는 의미에서 생겨난 말이라고 한다.

세계적으로 유명한 모델이자 패션 디자이너이며 작가인 인도의 크리시다 로드리게스는 암에 걸려 임종 직전에 사람들이 읽기를 바라며 다음과 같은 글을 남겼다.

**1** 나는 지구에서 가장 유명한 차를 갖고 있다. 그러나 나는 병원 휠체어에 앉아 있다.

**2** 나의 집에 디자인이 다양한 옷과 신발, 장신구 등 비싼 물건이 많이 있다. 그러나 나는 병원의 하얀 환자복을 입고 있다.

3 나는 은행에 아주 많은 돈을 모아 놓았다. 그러나 지금 내 병은 많은 돈으로도 고칠 수 없다.

4 나의 집은 왕궁처럼 크고 대단한 집이다. 그러나 나는 병원 침대 하나만 의지해 누워 있다.

5 나는 별 5개짜리 호텔을 바꿔가며 머물렀다. 그러나 지금 나는 병원의 검사소를 옮겨 다니며 머물고 있다.

6 나는 유명한 옷 디자이너였으며 계약체결 때 나의 이름으로 사인을 했다. 그러나 지금은 병원의 진단 검사지에 사인하고 있다.

7 나는 보석으로 장식된 머리 장식품이 많이 있다. 그러나 지금 비싼 보석을 장식할 머리카락이 없다.

8 나는 자가용 비행기가 있어서 어디든 타고 다녔다. 그러나 지금은 간호사의 두 팔로 밀어주는 휠체어에 앉아 있다.

9 나에겐 먹고 마시는 비싼 식품들이 많이 있다. 그러나 지금은 약 먹을 물만 있다. 비행기, 보석, 장식품, 비싼 옷, 많은 돈, 비싼 차 등 다 있지만 지금 나를 보호해줄 수 있는 것은 아무것도 없다.

그리하여 오직 드리고 싶은 말은, 살아가면서 타인을 도우며 유익함이 있게 하는 것, 이것이 가장 중요하다는 것이다. 지상에서의 짧은 삶을 어떻게 살 것인가. 아무리 생각해도 가장 중요한 것은 타인의 행복을 위해 도움을 주며 기쁘게 살아가는 것이다.

2018년 9월, 많은 사람과 함께 나눔을 갖지 못했던 것이 가장 후회된다고 메시지를 남긴 이틀 후에 그녀는 운명했다.

어머니를 간호하고 마침내 하늘나라로 보내드리는 과정에서 내가 새롭게 도전하고자 작정한 것이 있다. 바로 장례지도사(장의사) 국가자격증 취득이다. 치과의사로서 여러 사회봉사활동을 이어가는 가운데 틈나는 대로 서울기독대학교 장례지도사 과정을 이수한 것이다.

백 년도 살지 못하는 사람이 무엇을 시시비비하며 시간을 낭비할 것인가. 아침에 눈 뜨며 새날을 맞이하면 그저 감사한 마음을 갖고 크리시다 로드리게스의 말처럼 살아보자고 다짐해본다.

몇 년 전 보았던 일본 영화 〈굿바이〉를 보며 눈물 흘린 기억이 되살아난다.

도쿄에서 첼리스트로 활동하던 다이고(모토키 마사히로)는 갑작스러운 악단 해체로 아내 미카(히로스에 료코)와 고향으로 돌아간다. 다이고는 연령, 경험 무관에 정규직을 보장한다는 여행사에 면접을 보고 바로 합격한다. 그러나 여행사는 국내도, 해외도 아닌 인생에서의 마지막 여행인 죽음을 배웅하는 장례지도 회사이다.

하루아침에 화려한 첼리스트에서 초보 납관 도우미가 된 다이고. 아내도 친구도 꺼리며 반대하는 일, 모든 것이 낯설고 거북한 일이지만 다이고는 베테랑 납관사 이쿠에이(야마자키 츠토무)가 정성스럽게 고인의 마지막을 배웅하는 모습에 감동하며 점차 마음을 열어간다.

차갑게 식은 시신을 산 사람처럼 치장하여 영원한 아름다움을 주는 납관사의 일, 그것은 냉정하면서 정확하고 동시에 따스한 애정이 넘치는 일이다.

"아직 초보지만, 최선을 다하겠습니다! 당신의 마지막이 행복할 수 있도록…."

다이고의 자세처럼 나는 장례지도사로서 두려움 없이 따스한 시선과 손길로 죽음과 주검을 맞이하고자 한다. "죽음아, 주검아, 굿바이!"

PART 11

# 자연의 맛, 건강한 인생

# 장현황 (춘희)

**Mobile**
010-5326-8715
**Email**
richf@naver.com


## 학력 및 경력사항

- 홍익대학교 경영학과 졸업
- 한국방송통신대학교 농학과 3학년 수료
- 강서, 양천 환경운동연합 환경 강사
- 강남대학교 평생교육원 한자지도사반 강사
- 시흥시 평생학습센터 한자지도사반 강사
- 인천 서구노인복지관 한자, 환경지도사반 강사
- 아현 실버문화센터 한자 강사
- 한남초, 월정초, 동의초, 창신초 방과 후 한자 강사
- 고려대학교 명강사 최고위 과정 16기 소통 부회장
- 현 마케팅 강사

## 강의 분야

- 한자, 환경, 귀농, 자연재배, 건강, 성명학, 수리학, 마케팅

## 자격 사항

- 한자진흥회 한자사범 합격
- 한국어문회 한자 특급2(6000자) 합격
- 명강의 명강사 1급
- 평생교육 강사 1급

## 수상 경력

- 강서양천 환경운동연합 환경인상 강사부분 수상
- 중앙일보 봉사상 수상(가족봉사단 실타래)

## 저서

- 명강사 25시(공제)

01

# 천상의 맛으로 평가 받은 자연 재배 명품 자두

우리 과수원 이름이 풀그린 자두농원이다. Full Green, 초록 풀로 가득하다는 뜻을 가진 작명이다. 우리 농원은 농약 제초제 비료 퇴비 비닐을 전혀 사용하지 않는다. 성장 호르몬제, 착색제, 낙과 방지제, 경화제 등도 사용하지 않는다. 인공화분으로 수정하지 않고 자연 상태의 벌들이 수정한다. 농약을 치지 않았기에 가능하다. 과일의 크기를 키우기 위해 과일 성장기에 일부러 물을 주지도 않는다. 대신에 자연과 비슷한 환경을 만들기 위해 풀을 키워서 베어 덮는다. 낙엽을 1톤 트럭으로 백 차 넘게 가져다 깔았다. 파쇄목 등을 나무뿌리 위에다 펼쳐 덮었다. 심지어 과수원으로 이사 오면서 숙성 발효되어 삭은 효소 건지도 한 차 싣고 와서 투입했다.

풀이며 낙엽이며 식물 잔사를 과수원에 공급하는 일에 정말 진심을 다했다. 미생물이 잘 살 수 있는 환경을 만들면서 환경오염도 줄이려고 쌀뜨물 같은 주방 구정물을 모아다 나무마다 주기도 했다. 과수원에 오고 나서 첫 2년 동안은 자두를 판매하지 않았다. 12톤 정도에 달하는 자두를 따서 효소를 담궜다. 그 효소 건지를 나무마다 되돌려 주는 일도 했다. 대부분의 과수원들은 판매하기 위해 고르고 남은 과일을 초파리가 생긴다는 이유로 개울에 쏟아붓는다. 그 귀하디귀한 나무 영양제를 말이다. 개울물은 또 얼마나 오염될까? 과수에다 미네랄 공급을 하기 위해, 천연 돌가루인 인회석을 1톤 구입했다. 나무마다 뿌려주었다. 조금 더 빨리 땅을 회복시키고 나무를 건강하게 만들기 위해 미생물 공급을 많이 하였다. 과수원에 이사 오던 해에, 이엠을 말 통으로 2톤 가까이 사 왔다. 며칠 동안 연속으로 비가 올 때에 과수원에 뿌려주고 또 뿌려주었다. 이후에도 매주 농업기술센터에서 다양한 미생물을 공급받아 왔다. 엽면시비를 하고 관주도 하였다.

1~2년이 지나자 온 과수원에 지렁이며 굼벵이가 득시글거리게 되었다. 광선균과 같은 유익 미생물이 자리 잡아 가고 있음을 육안으로 확인할 수 있었다. 그 결과로 알은 잘지만 좀 단단하고 껍질이 두껍고 질기며, 향이 진하고 정말 엄청나게 맛있는 자두가 탄생했다. 농익은 자두는 물러 터지면서 맹탕 맛(물맛)이다. 우리 자두는 짙은 자주색으로 농익은 대석류 자두에서 쫀득쫀득한 찰진 식감이 느껴진다. 농익어도 변함없는 맛이다.

농사를 지은 나조차 '어떻게 이런 일이!' 하면서 놀란다. 심지어 장마철에도 변함없는 맛을 자랑한다. 아마도 영양물질을 나무뿌리에 전달하는 미생물이 수분 공급을 조절해주는 것 같다. 우리 과수원 자두가 단단하고 알의 크기가 작다는 것은 맛있게 컸다는 뜻일 것이다. 향이 진하고 맛있다는 것은 영양이 가득하다는 의미겠다. 거기다 더해서 농약, 제초제 등으로부터 안전하기까지 하다. 몇 년 전에 미생물 강의를 들은 적이 있다. 강사님께서 미생물로 기른 자연 재배 과일은 나중에 그 가치가 제대로 알려지기만 한다면 과일 한 알에 몇만 원을 호가하는 시대가 올 거라고 하셨다. 미생물로 기른 자연 재배 과일은 그 기능성이 어마어마하다고 얘기하셨다.

고객 중에 한 분이 배송받은 우리 자두 한 알을 드셔 보고는 바로 두 군데에다 선물을 보내셨다. 그러면서 한 말이 자두계의 에르메스라고 하셨다. 고객님들의 우리 자두 맛에 대한 후기는 어마어마하다. 지난 3년간 해마다 우리 자두를 드시고 블로그에 리뷰를 해주셨던 분이 계시다. 여행과 과일 리뷰를 주로 하시는 분이다. 현재 암스테르담에 계시는데 유월 초에 잠깐 귀국해서 과일 몇 개 리뷰를 올리셨다 한다. 농장주들이 자신들의 과일을 홍보하려고, 협찬을 하겠다는 둥 난리를 치니까 공지사항으로 절대 협찬 안 받는다고 글을 올리셨다. 그 공지 글 속에 우리 농원인 풀그린 자두농원의 홍로센 자두를 DHL 냉장 배송으로 암스테르담까지 보내준다면, 엎드려 절이라도 하겠다는 표현을 해 놓으셨다. 우리 자두가 최고 중에 가장 최고임을 인증해 주신 셈이다.

올해 유월 중순에 호주로 출국하신 한 고객께서는 우리 자두 못 먹고 가는 걸 못내 아쉬워하셨다. 우리 자두를 맛보신 한 분은 환장하게 맛있어서 미쳐 버릴 것 같다고 했다. 나의 스승님께서는 우리 자두를 맛보시고 나서 “자네는 세상을 구하는 거야.”라고 말씀하셨다. 자두를 맛보고 너무 맛있어서 깜짝 놀랐다는 분도 계시다. 고객님들의 맛 평가 후기를 다 올리려면 A4용지 스무 장에서 서른 장도 모자랄 지경이니 이 정도 하고 생략한다.

우리 자두는 질이나 영양과 맛에서 지상 최고라고 감히 자부한다. 고객님들께서 직접 평가해 주셨으니까. 우리 자두 한 알을 다른 자두 백 알, 천 알과도 비교하고 싶지 않다.

만약, 이 지상에 단 하나의 직업만이 남아야 한다면, 그 직업은 가장 소중하고 훌륭한 직업이며 없어서는 안 될 직업일 것이다. 그 직업이 바로 우주보다 더 귀한 한 사람 한 사람의 생명 자체를 존재할 수 있게 해주는 먹을거리를 생산해 내는 농부이다.

작금의 농부 중에서 많은 이들이 이런 철학이나 사명감보다는 어떻게 하면 높은 수익을 올릴까에만 집중한다. 그러다 보니 농약 또 농약만 찾는다. 제초제를 뿌려대고 손쉽게 비료와 퇴비를(그것도 정부가 지원까지 해주니까) 구입해서 쓴다. 그저 크기를 키우고 눈에 보이는 때깔만 좋게 하려고 한다. 유식한 척하는 어떤 사람들은 인증을 따지기도 한다. 귀농해서 올해로 십 년 차 농약 한 병, 비료 한 포대, 퇴비 한 자루 안 샀다는 자체가 인증이 아닐까? 그리고 자연 재배는 인증 제도가 없다. 굳이 한참 하위 개념인 유기농이니, 친환경이니 하는 인증을 받는 우를 범하고 싶지 않다.

우리 자두는 새와 벌레들이 너무 좋아해서 상품성 있는 녀석들이 아주 조금밖에 안 나온다. 자연 재배 자두 한 알을 먹기 위해선 골라내야 하는 자두가 생각보다 아주 많다. 남들은 벌레 먹지 말라고 농약을 친다. 크게 자라라고 비료와 퇴비 그것도 모자라서 성장 호르몬제까지 준다. 때깔 예쁘라고 착색제를 사용한다. 단단해지라고 경화제를 뿌린다. 풀 죽으라고 제초제를 뿌려댄다. 아니면 경운기로 땅을 갈아엎어 풀을 죽이면서 미생물도 햇볕에 노출시켜 함께 죽인다. 나무가 영양물질을 잘 흡수할 수 있도록 분해해주는 역할을 하는 미생물을 이리 죽이고 저리 죽여 댄다. 생명 없는 땅에서 생명을 기르느라 농약으로 그리고 비료와 퇴비를 퍼부어서 키운다. 그것은 꼭 농부들의 탓만은 아니다. 크기가 크고 보기에 예쁘고 때깔 좋은 것을 찾는 소비자들도 한몫 거들었다고 본다.

불가능하다고 한 자두 자연 재배에 무모한 도전을 해서 성공했다. 낙엽이 많이 쌓이고 인간의 손을 타지 않은 곳에는 광선균 같은 유익 미생물이 하얗게 덩어리져 피어 있는 것을 목격하고 정말 말도 안 되게 많은 양의 낙엽을 투입했다. 풀을 베어 덮고 이엠을 비롯한 미생물을 어마무시하게 쏟아부은 결과로 얻어진 것이다. 우주보다 귀한 한 생명, 한 생명이 먹어야 하는 소중한 먹을거리에 내 욕심을 앞세워 독극물로 키우고 싶지 않았다. 하늘도 알아주시는지 감사하게도 너무나 많은 분들이 앞장서서 홍보해 주셨다. 선물로 주문해 주셨다. 두 번, 세 번, 네 번 거듭 주문해 주셔서 자두 종류마다 매번 완판을 했다. 어떤 분은 모든 종류의 자두를 주문하는 그랜드 슬램 달성을 목표로 하기도 했다. 덕분에 우리는 택배를 못 보내는 벌레 먹은 자두만 먹었다. 그래도 이 맛나고 소중한 자두를 한 분이라도 더 드실 수 있게 되어 너무나 감사하고 기쁜 마음이었다.

'농자지천하대본야(農者之天下大本也)'라는 말을 실천하고 있다고나 할까. 땅과 환경을 살리는 농사, 사람을 살리는 농사를 짓는다. 그 결과로 천상의 맛이라고 표현해도 좋을 만큼 맛있는 자두를 생산할 수 있게 되었다. 너무나 감사한 일이다.

02

# 세상 이치로 풀이하는
# 알기 쉽고 재미있는 한자 이야기

귀농하기 전에 몇 년간 한자 강사를 했었다. 한자라고 하면 다들 어렵고 복잡하게 생각한다. 내가 공부해 본 바로는 한자 속에는 우리의 삶과 사물에 대한 현상 그리고 철학까지도 들어 있다. 한자 속에 들어있는 숨은 뜻을 찾아낼 수만 있다면 한자를 쉽고 재미있게 배울 수 있다. 쉽고 재미있게 배우면서 오래 기억할 수 있는 한자 몇 글자를 이 지면을 빌려 소개하려고 한다.

계수나무를 나타내는 계수나무 계(桂) 자를 풀이해 보자. 나무 목(木) 자에 흙 토(土) 자 두 개를 위아래로 쓴 '쌍토 규(圭) 자를 합체한 글자가 계수나무 계라는 글자이다. 흔히 계피라고 할 때 쓰인다. 계수나무가 나무니까 앞쪽에 나무 목을 썼다. 그럼 나무 목 옆에다 왜 쌍토 규를 써서 계수나무를 뜻하게 되었을까? 규라는 음에서 변화 변화해서 계라는 음을 취했다고 본다.

이렇게 한쪽은 뜻, 한쪽은 음을 나타내는 원리로 만들어진 글자를 형성자라고 한다. 규에서 계라는 음이 유추되었다는 걸 눈치채기 쉽지 않은데 굳이 쌍토 규 자를 모셔다가 계수나무 계 자를 만들었을까? 그것은 쌍토 규라는 글자가 계수나무를 나타내는 뜻과도 관련이 있다는 것이 나의 주장이다. 쌍토 규는 여러 가지 이름을 가진 글자다. 벼슬아치들이 임금을 만날 때 손에 들었던 신분을 나타내는 홀의 뜻을 가지는 홀 규로도 쓰인다. 그리고 규성이라는 별을 표현하는 별 이름 규로도 사용한다. 어렸을 때 달나라에는 계수나무가 있고 그 아래에서 옥토끼가 방아를 찧는다는 얘기를 들었다. 우리가 달이라는 이름으로 불러서 그렇지 달도 별 중의 하나다. 그러니 달(별)을 나타내는 글자의 뜻을 함께 포함하는 글자를 고르고 골라서 만들었다는 것을 알 수 있다.

여름에 울창한 녹색의 숲을 바라보다가 혼자서 빨간 옷을 입은 단풍나무를 보았다. 갑자기 단풍나무를 설명해야겠다는 생각이 들었다. 붉을 단과 단풍나무 풍 자를 써서 단풍(丹楓)이라고 한다. 태어날 때부터 다른 나무와 달리 붉은 잎으로 태어났으니 붉을 단 자를 쓴다. 붉은 단(丹) 자는 땅속에서 단사라는 물질을 캐내는 모양이다. 붉다는 뜻을 나타내기 위해 쓰인 글자가 점처럼 보이는 불똥 주(丶) 자이다. 불에서 붉다라는 말이 나왔다. 단풍나무 풍(楓) 자는 나무 목(木)과 바람 풍(風)이 합체한 글자이다. 단풍나무의 씨앗이 마치 바람개비처럼 생겼는데, 이 씨앗이 바람을 타고 날아가서 종족 번식을 한다고 한다. 심지어 헬리콥터의 프로펠러를 이 단풍나무 씨앗을 보고 만들었다고 한다. 바람

풍이 단풍나무 풍의 풍이라는 음 역할을 하면서, 바람개비처럼 생겨서 바람을 타고 날아간다는 뜻까지 살뜰히 챙긴 글자가 되었다. 사진의 단풍나무 씨앗을 보면 절로 고개가 끄덕여질 터이다.

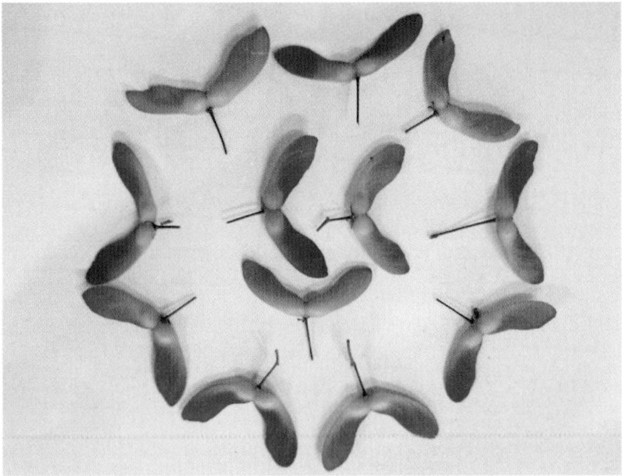

나무에 관한 한자를 더 풀이해 보자. 오동(梧桐)나무에 관한 글자이다. 오동나무 오(梧)와 오동나무 동(桐) 자이다. 생태 공부할 때 선생님께 설명을 듣고 아하! 하고 알게 된 글자이다. 오동나무는 빨리 자라는 나무이다. 그 이유는 나뭇잎의 크기가 이 세상에서 제일 크기 때문에 폭풍 성장을 한다. 열네댓 살에 시집가던 시절에 딸을 낳으면 시집갈 때 오동나무 베어 혼수를 장만해 주려고 심었단다. 가히 그 성장세를 짐작할 만하다. 이렇게 오동나무가 빨리 자라서인지 오동나무는 가지를 꺾어 보면 속이 비어 있다. 그것을 나타낸 글자가 바로 오동나무 동자이다. 나무 목과 함께 쓰인 한가지 동(同) 자에는 속이 비었다는 뜻도 들어있다. 그래서 쇠 금(金) 자와 한가지 동 자를 합체해서 구리 동(銅)으로 쓰고 있다. 속이 빈 동관을 두드리면 동동동 하고 소리가 나니까 이때는 의성어 역할을 겸한다. 오동나무 오 자는 나무 목과 다섯 오와 입구 자를 결합한 나 오(吾) 자가 함께 쓰였다. 나무 목은 오동나무를 가리키는 글자이고, 나 오 자는 오동나무 오 자의 오라는 음을 나타낸 글자이다. 오라는 음을 나타내려면 다섯 오(五)만으로도 충분했을 텐데, 글자 복잡하게 굳이 나 오 자를 쓸 이유가 있었을까?

충분한 이유가 있다. 입 구(口) 자는 바로 오동나무 속의 구멍을 뜻한다. 한가지 동 자에 들어있는 입 구 자도 같은 뜻으로 쓰였다. 그러면 음 역할을 한 다섯 오에도 숨겨진 뜻이 있을까? 내가 주장하는 바대로라면 꼭 숨겨진 뜻이 있어야만 한다. 오동나무로 분명히 가구를 만든다고 했다. 우리 집에도 오동나무 책장이 네 개나 있다. 속이 빈 나무를 목재로 쓸 수 있을까? 이 질문에 대한 정답이 바로 한자 속에 들어있다. 오동나무는 어릴 때 베어 주고 또 베어 주고 다섯 번 베어 주면 구멍이 메꿔져서 자란다고 한다. 오동나무 오 자 속의 나 오 자는 음 역할도 하면서 오동나무 속의 구멍을 메꾸기 위해 다섯 번 베어야 한다는 뜻까지 포함되어 있다.

생태 선생님께 설명 듣고 나서 지인에게 확인도 했었다. 거기에 오월에 꽃이 피는 나무라는 뜻도 포함시키면, 한 가지를 들어 열 가지를 안다는 문일지십은 아니어도, 그 비슷은 하다. 한 글자 한 글자 깨우칠 때마다 전율이 느껴지는 이 공부를 제쳐 두고 십 년 세월을 풀만 뽑으며 살았다. 지난 세월이 조금 아깝긴 하다. 그래도 뭐, 돌고 돌아서 이제라도 공부를 다시 시작했으니 천만다행인 셈이다.

한자 공부하던 초기에 정말 풀리지 않는 수수께끼 같은 글자가 너무나 많았다. 지금도 예외는 아니다. 그중에 비단 금(錦) 자에 왜 쇠 금(金) 자가 들어 있는지 궁금했다. 비단 금 자는 왼쪽에 쇠 금 자를 사용해서 금이라는 음을 나타내고, 오른쪽엔 비단 백(帛)을 써서 비단이란 뜻을 나타낸다. 난 음을 표현하고 있는 쇠 금 자도 틀림없이 뜻에 관여하고 있다는 전제하에 공부하는 중이었다. 알고 싶어서, 깨우치고 싶어서 안달이 나서 미칠 지경이었다. 아무리 애를 써도 그 뜻을 캐낼 수가 없었다.

그러던 중에 귀농한 뒤에 생활한복이라도 내 손으로 직접 만들어 입어 볼까 하는 마음으로 직업전문학교에서 한복 만드는 수업을 들었다. 한복의 역사와 변천 과정을 공부하다가 고려시대(?)에 이미 금사를 넣어서 짠 비단으로 만든 한복이 있었고, 금사를 넣어서 짠 비단을 금이라고 한다는 것을 알게 되었다. 쇠 금(金)이라고 대표 훈음으로 불리지만, 황금 금으로도 쓰이는 글자이므로 비단 금의 음을 표시하기 위해 이제 금이나 날짐승 금, 금할 금이 아닌 쇠 금, 즉 황금 금을 선택할 수 밖에 없었다는 결론을 도출해 내고는 너무나 기뻤다. 풀리지 않던 숙제를 풀어냈으니 말이다. 그래서 금수강산 금의환향에 쓰이는 비단 금의 정체를 확실하고 명확하게 알게 되었다. 현대의 학문은 통섭의 학문이라고 한다. 한자 공부에 더할 나위 없이 들어맞는 말임을 실감한다.

즙 즙(汁) 자를 보면, 물수변(氵)과 열십(十)자를 합체한 글자가 바로 즙 즙 자이다. 물수 자는 다른 글자와 합체할 때 그대로 쓸 때도 있고 90도로 눕혀서 쓰기도 한다. 모양을 스리슬쩍 변형시켜서 쓰기도 한다. 물수 자를 왼쪽에 쓸 때는 물방울 세 개로 나타내고 마지막 한 방울은 땅에 떨어져서 위로 튀어 오르는 모습을 하고 있다. 삼 획으로 물수 자를 표현했다고 삼수변이라고도 한다. 변은 한자의 왼쪽에 오는 글자라는 뜻이다.

즙은 액체니까 물수변으로 표현한 것은 알겠는데, 열십자는 왜 들어갔을까? 열십의 십이라는 음으로부터 즙이라는 음을 나타낸 것이다. 한쪽은 뜻, 한쪽은 음. 과연 그렇게 간단하게만 만들었을까? 내 생각에는 우리가 알아채지 못해서 그렇지 음을 나타내면서 동시에 숨은 뜻도 있을 거라는 거다. 즙 즙 자 속의 열십자는 나무 막대기 두 개가 엇갈린 형태로 볼 수 있다. 한약을 짤 때 막대기 두 개를 열십자 모양으로 엇갈리게 해서 짜는 모습을 우리는 알고 있다. 그뿐만이 아니다. '유튜브'를 보다 보니 중국에서는 많은 양의 액체에서 건더기를 걸러야 할 때 천정에 고리를 걸고 줄을 늘어뜨린다. 그 줄에다 굵은 나무 막대기 두 개를 열십자 모양으로 설치한다. 그 막대기 끝의 고리에다 천을 묶고 그 안쪽에 내용물을 넣고 흔들면서 국물을 걸러 내는 걸 보았다. 그러니 즙을 짜내는 일과 그 결과물 즙을 나무 막대기 두 개가 교차하는 열십자로 표현할 수밖에 없었을 것이라는 생각이다

새 신(新) 자와 친할 친(親) 자를 보면 같은 글자가 들어가 있다. 그 공

통되는 글자가 바로 개암나무 진이라는 글자이다. 눈에 보이는 자형으로는 설 립(立) 자 아래에 나무 목(木)이 있는 것처럼 보인다. 하지만 사실은 신라면 할 때 쓰이는 매울 신(辛) 자와 나무 목(木) 자가 결합한 글자이다. 글자가 합체할 때에 일부분이 생략된 경우이다. 나무 목은 뜻을 나타내고, 매울 신은 음 역할을 한다. 신이라는 음에서 진이라는 음이 나온 것이다. 나는 우리가 모를 뿐이지 틀림없이 음을 나타내는 동시에 뜻도 포함되어 있을 거라고 생각했다. 그래서 연구하고 검색하다가 드디어 숨겨진 뜻을 알게 되었다. 매울 신 자는 옛날에 죄수라는 것을 표시하기 위해 문신을 새기던 도구를 형상화한 글자이다. 문신을 새기면 아프다는 뜻인 것 같은데, 맵다는 뜻으로 쓰이고 있다. 매운맛은 통증으로 느끼는 것이니 일리가 있다.

어느 날 길을 걸어가는데, 내 곁의 초등학생 남자아이가 엄마에게 하는 얘기가 귀에 들렸다. 매운 음식을 먹고 가는 길인지 아이가 엄마에게 "혀가 아파."라고 했다. 그때 왜 문신 새기는 도구를 써 놓고 매울 신이라고 했는지 알게 되었다. 길거리에서 스승을 만난 셈이다. 자 그러면 개암나무 진 자는 왜 매울 신 자를 넣어서 만들었을까?

네이버에서 검색한 개암나무 잎사귀를 보니 느낌이 온다. 잎사귀 안쪽에 먹물이 묻은 듯한 모습이다. 문신 새기는 도구와 필연적으로 짝을 이루어야 하는 게 먹물이다. 아하, 그래서 매울 신 자로 개암나무 진이라는 글자를 만들었구나 하는 걸 알게 되었다. 먹물이 묻은 듯한 모습의 개암나무 잎사귀는 한여름이 되면 자취도 없이 사라져서 다른 나뭇잎과 같게 된다.

나는 한자의 숨은 뜻을 깨우칠 때 신통이 오는 것 같다. 최근에 유레카를 외치고 싶게 만들었던 한자 한 글자를 깨우친 게 있다. 바로 약 약(藥) 자이다. 위에 있는 글자는 풀초머리(艹)이다. 아래는 몽땅 즐거울 락(樂), 음악 악, 좋아할 요의 세 가지 뜻과 음으로 불리는 글자이다. 나무 받침대 위에 놓인 북을 형상화한 글자이다. 풀초머리는 풀이 약이라는 뜻으로 쓰인 것이다. 그래서 흔히 약초라고 한다. 내가 생태공부를 하고 귀농해서 살아보니 우리가 늘상 약초라고 부르는 풀들만 약초가 아니다. 익히 먹는 채소와 야생초도 거의 다 약성을 가지고 있다. (채소는 바르게 농사짓는다는 전제하에서) 그래서 식약동원이란 말이 나온 것이다. 그러면 아래에 있는 글자인 즐거울 락의 락(약)에서 약이라는 음이 나왔다는 것이다.

얼마 전 오리 압(鴨)에 왜 첫 번째를 뜻하는 천간 갑(甲)자가 들어가 있는지 알게 되었다. 세상이 창조될 때에 날짐승 중에 가장 먼저 만든 새가 오리라고 한다. 그래서 오리가 신과 인간의 정보 전달자, 소통자 역할을 한다고 한다. 그 근거로는 솟대의 새가 바로 오리라는 거다. 물론 첫 번째를 뜻하는 천간 갑 자가 뜻의 역할을 하면서 동시에 압(갑)의 음 역할도 한다.

각설하고 약 약 자로 돌아가서 풀이 약이고, 풀 즉 약초는 직접적으로 몸을 치료할 수 있는 약이라면 즐거움은 몸과 마음을 함께 치료하는 약이라는 뜻이 된다. 음악이 또한 같은 의미이기에 음악치료라는 분야가 있다. 좋아하는 음식을 먹고 좋아하는 사람과 함께하고 좋아하는 곳에서 살면서 좋아하는 것을 하면 그것 또한 약이 된다는 뜻을 내포한 글자인 것이다. 오죽하면 좋아하는 음식을 먹으면 0(영)칼로리라는 말이 있을까. 그런데 한자는 때로는 정반대의 뜻을 가지는 경우도 있다. 좋아하지 않고 즐겁지 않은 것은 약이 아니라 병이 된다는 얘기가 된다. 그것을 한마디로 말하면 스트레스라고 할 수 있다. 그래서 현대 의학에서 스트레스를 만병의 근원이라고 한다. 좋아하지 않는 것 즐겁지 않은 것은 스트레스로 작용하기도 한다. 한자 한 글자에 참 많은 뜻이 들어있다.

이제 매화 매(梅) 자 한 글자를 더 살펴보면, 앞에 나무 목에 뒤에 매양 매(每) 자가 붙은 글자이다. 나무 목이 들어간 이유는 아실 테고 뒤에 매양 매 자가 붙은 이유는 두 가지로 설명 가능하다. 매양 매 자는 매화 매 자의 음 역할을 한다. 그리고 매양 매는 매화나무를 설명해주는 뜻 역할도 해 준다고 볼 수 있다. 매양 매 자는 어미 모(母) 자 위에 사람 인의 변형 자가 올려진 모습이다. 이는 엄마가 머리에 비녀를 꽂은 모습을 나타낸 것이라고 한다. 옛날에는 결혼한 여자가 항상 머리를 올리고 비녀를 꽂았기에 항상이란 뜻으로 매양 매라고 이름 지은 것이다. 결혼하는 것을 머리 올린다고 했으니까 무리 없는 해석이다. 그런데 매화나무와 어떤 연관이 있을까? 매양 매 자는 매양이라는 뜻으로 쓰인다. 거기에 더해 어미 모(母) 자를 포함해서 만든 글자이므로 엄마라는 뜻도 함께 내포한다. 매화나무는 엄마와 관련이 있을지도 모르는 나무라는 결론이다. 어떻게 연관이 있을까? 엄마가 되기 위해 임신을 하면 신 것이 먹고 싶어진다. 옛날 중국에서는 매화나무 열매인 시디신 매실을 먹었다고 한다. 그래서 매화 매 자가 만들어진 것으로 풀이해 보았다. 그러면 나무 목에 어미 모를 합체해서 만들면 더 알기 쉽지 않겠냐고 하겠지만 엄마라는 뜻을 내포하면서 매화 매의 음 역할을 할 수 있는 매양 매 자가 선택된 것이다. 책 한 권을 다 읽고 나서 깨우친 글자이다. 한자가 어렵고 복잡하기만 한 것은 아니다. 한자 속에 들어있는 이치를 알아내기만 한다면 한자를 쉽고 재미있게 공부할 수 있다.

03

# 우리 모두의 화두, 건강한 삶을 위한 단상

돌아가신 친정엄마가 평생을 아프셨다. 얼마나 병고를 심하게 겪으셨으면, 생을 마감하실 즈음의 몇 년 동안, 몸무게가 26~28킬로 정도였다. 병원에 계시던 엄마를 찾아가서 목욕을 시켜 드릴 때마다 아프리카 난민보다도 더 마른 엄마 몸을 보면서 터져 나오려는 울음을 삼키느라 애를 썼다.

어떻게든 엄마 병을 고쳐 드리고 싶어서 뒤늦게 의대 진학을 꿈꿨지만 좌절되었다. 그 대신에 이십 대 초반부터 건강 관련 공부를 했다. 엄마에게 갈 때마다 현미효소를 사다 드리고, 또 현미 미숫가루 현미 쌀가루 등을 만들어다 드렸다. 몸에 좋은 갖은 재료를 넣어 영양 된장을 만들어 갖다 드리기도 했다. 애쓴 보람도 몇 년, 요즈음 시골에서는 새댁이라고 불리기도 하는 나이대인 59세에 엄마는 생을 마감하셨다. 엄마 때문에 관심을 갖게 된 건강은 내 평생 동안의 화두가 된 셈이다.

건강한 먹을거리를 찾다가 결국 서울 생활을 접고 귀농한 지 올해로 십 년 차이다.

남들과 달리 농약 한 방울 비료 한 알갱이 퇴비 한 삽도 넣지 않고 농사지어 건강한 먹거리를 먹은 덕분에 비염을 고쳤다. 알러지성 결막염도 나았다. 갈라져서 피가 나던 발뒤꿈치도 매끈해졌다. 좀 피곤하다 싶으면 어김없이 부르트던 입술도 잘 부르트지 않게 되었다. 피곤이 쌓이면 몸살은 날지언정 감기에 잘 걸리지 않게 되었다. 시골에 온 시기와 비타민C를 고용량으로 챙겨 먹은 시기가 비슷해서 더 시너지 효과가 있었던 것 같다.

원래 정신력만 강했지 체력이 약한 줄은 몰랐다. 새벽 다섯 시경 일어나서 하루 열대여섯 시간씩 일하면서 골병 아닌 골병이 들었다. 거기다 낫 한 자루 들고 풀을 매느라 양 손가락 손마디에 퇴행성관절염까지 생긴 터였다. 가족이 잘 협력하지 않아서 혼자서 많은 부분을 감당해내다 보니 농사일이며 경제적인 문제까지 압박감에 시달리게 되었다. 극심한 스트레스로 결국 급성 당뇨에 걸리게 되었고, 어느 날 당뇨 수치가 육백 사오십에 달하게 되어 이러다간 심장마비로 죽을 수도 있다는 경고를 의사 선생님께 받게 되었다. 그래서 최근 몇 년 사이 또 건강 관련 공부를 많이 하게 되었다.

우리 몸에서 비타민C를 만들어 내지 못한다고 한다. 비타민C는 여섯 시간 정도가 지나면 고갈되므로 여섯 시간 정도의 간격인 식사 때마다 음식과는 별도로 비타민C를 섭취해야 한다는 것이다. 또 우리 몸

속에는 우리가 알지 못하는 염증이 있다. 이 염증을 없애서 기력을 상승시키기 위해서는 법제 된 식이유황을 먹어야 한다는 것도 알게 되었다. 허준 할아버지께서는 유황을 법제할 수만 있다면 인간의 수명이 이천 년까지도 늘어날 수 있다고 하셨단다. 현대는 과학기술의 발달로 유황을 법제할 수 있게 되었다. 그 덕분에 고용량 비타민C 주사를 맞고 식이유황(MSM) 또한 고용량으로 먹어서 암을 치료하신 분들도 있다고 한다. 공부하다 보니 아침 공복에 따뜻한 물을 마시는 것도 건강에 좋다고 한다. 몸속의 소금 농도가 낮은 분들은 따뜻한 소금물을 마시면 더 좋다고 한다. 우리 몸의 체온을 1도만 올려도 면역력이 몇 배나 올라가서 건강하게 된다는 것은 알 만한 사람은 다 안다. 건강 상식을 알기는 알지만, 지속적으로 실천하기가 어렵다. 아침에 일어나면 따뜻한 물을 몇 컵 정도 마시고 끼니때마다 비타민C를 챙겨 먹고, 입에 넣으면 독약처럼 쓴 식이유황을 어찌 먹겠는가?

웬만한 결단력과 실천력이 없으면 며칠 하다가 만다. 체온 1도를 높이기 위해 노력하기보다는 아이스커피나 차가운 음료수를 입에 달고 산다. 하루 한 시간 정도 걸으면 병의 90% 정도는 고칠 수 있다고 한다. 하루 한 시간 정도 걷는 것은 쉬운 일인가? 우리 몸속의 소금 농도 0.9%를 맞추기 위한 노력을 하려면, 식사 이외에도 수시로 소금을 섭취해야 한다는 이야기가 있다. 그것 또한 건강하게 살려는 이슈에 대한 것인지는 독자들의 몫이라 하겠다.

우리 몸속의 소금 농도를 0.9% 이상으로 맞추어도 많은 질병에서 해

방될 수 있다고 한다. '소금'에 대해서 좀 더 자세히 이야기하자면 小金을 한자로 쓰면 작을 소 쇠 금(황금 금)이다. 예전에는 소금이 금 대접을 받았다는 얘기다. 로마 시대에는 병사들 월급을 소금으로 지불한 적도 있다고 한다. 소금을 뜻하는 salt에서 급여를 뜻하는 salary가 파생되었다고 한다.

중국은 궁궐이 아주 넓다. 그래서 왕이 후궁의 처소에 들려면 말을 타고 행차했다고 한다. 지혜로운 후궁들은 왕의 방문을 한 번이라도 더 받기 위해 말의 발길을 잡아끌기 위한 미끼로 마루 밑에 소금항아리를 두었다는 얘기도 있다. 말이 소금을 먹기 위해 소금 항아리가 있는 후궁의 처소로 발길을 옮겼을 것이다. 왕은 의도하지 않았어도 소금을 준비해 둔 후궁의 처소로 가게 되었을 터이다.

현시대에는 병원 의사들이 한결같이 짜게 먹으면 안 된다고 한다. 싱겁게 먹으라고 얘기한다. 처방은 그렇게 하면서 병원에 내원하거나 입원하면 의사들은 많은 환자들을 소금물로 치료한다. 아주 특수한 경우를 제외하고 환자들이 입원만 하면 처방받는 게 바로 링거액이다. 그 링거액이 바로 0.9%의 소금물이다. 물론 소금만 들어있는 게 아니라 포도당도 일부 들어있지만 말이다. 짜게 먹으면 큰일 난다고 해 놓고는 정작 의사들은 소금물로 환자들을 치료한다? 이 얼마나 엄청난 어불성설인가? 이것은 바로 우리 몸의 염도 즉 소금물의 농도가 0.9%라는 사실이 있기 때문이다. 그래서 링거액을 한국어로는 생리 식염수라고 한다. 어느 식당에 갔더니 친절하게도 우동의 염도 0.6% 대구탕의 염도 0.72%라고 써서 벽에 붙여 놓았다. 우리가 그토록 소금을 염려하며 먹는 국이나 탕이 0.9%의 염도가 되지 못한다는 것을 그때 알게 되었다.

그러면 의사 선생님들은 왜 짜게 먹지 말라고 하는가? 미국에서 판매하는 소금은 천일염이 아니란다. 가공을 해서 미네랄은 없고 염화나트륨(NACL), 즉 짠 성분만 있는 소금이라는 것이다. 그 소금은 많이 먹으면 안 된단다. 그 영향으로 서양 의학을 공부한 의사들은 짜게 먹지 말라고 하는 것이다. 그러니 우리도 꽃소금이니 맛소금이니 하는 가공 소금을 많이 먹으면 안 된다고 한다. 미네랄이 고스란히 들어있는 천일염을 먹어야 한단다. 우리 몸의 소금 염도 0.9%가 채워질 때까지. 현대인들의 몸속 염도는 굉장히 낮다고 한다. 의사들이 짜게 먹지 말라고 한 영향이 있다. 또 땀이나 오줌이 몸 밖으로 배출될 때 소금이 없이는 단 한 방울도 배출되지 못하기 때문에 그나마 있던 몸 안의 염도를 낮추기도 한다고 한다.

소금을 품은 바닷물이 썩지 않는 것처럼 우리 몸도 적정량의 소금은 꼭 필요하다. 이번 기회에 우리 몸속의 소금 염도를 체크해 보자. 아파서 병원에 가서 소금물(링거액)을 공급받지 말고, 스스로 소금의 적정 농도를 만들어 보자. 건강하고 행복한 삶의 초석을 다지는 것은 근본을 아는 것이고 실천하는 것이라고 생각한다.

이제 마무리하면서 한자 한 글자를 통해서 건강관리를 어떻게 해야 하나 알아보자. 바로 아플 통(痛) 자이다. 아플 통 자는 침상을 형상화한 병들어 누울 녁(疒) 자와 통할 통(通) 자가 합체한 글자이다. 글자를 합체하는 과정에서 통할 통 자의 일부(辶)가 생략되었다. 통할 통 자는 아플 통 자의 음 역할을 하였다. 동시에 통하지 않으면 아픈 것이고, 통하면 아프지 않다는 뜻을 내포하는 글자이다. 불통즉통(不通則痛) 통즉불통(通則不痛)이라는 것이다.

서양 의학은 나타난 증상을 치료하는 대증요법이다. 반면에 한의학이나 민간요법은 통을 하는 것이다. 침이나 뜸 부황 마사지, 경락 등이 해당된다. 물을 마시는 것, 걷는 것 또한 통을 위한 것이라 볼 수 있다. 채소나 해조류 등을 위주로 먹는 것도 결국 통을 하기 위한 것이다. 체온을 36.5도까지 올리라는 것도 결국 통을 잘하기 위함이다.

아프다는 것은 통하지 않아서이다. 통을 잘 하면 통증 없이 건강하게 살 수 있다.

PART 12

# 소통 전문 강사로 상상의 나래를 펴라

# 최상원

**Mobile**
010-9084-3048
**Email**
wsc5180@naver.com

## 학력 및 경력사항

- 고려대 명강사 16기 최고위 과정 16기 사무총장
- 한국방송통신대학교 행정학사
- 교육행정직 공무원 30년 재직 중

## 강의 분야

- 평생 교육학, 교육행정학, 동기부여
- 자기 계발, 노인 소통, 리더십

## 자격 사항

- 웃음치료사 1급, 레크레이션 1급, 명강의 명강사 1급
- 리더십지도사1급, 스피치 지도사 1급
- 평생교육강사 1급, 독서논술지도사 2급
- 평생교육사 2급(교육부장관), 방화관리자 1급, 행정사

## 수상 경력

- 경기도교육감상(유공공무원상, 사회복지분야상)
- 경기도성남교육청교육장상 외 7회

## 저서

- 명강사 25시(공제)

01

# 프롤로그

나는 대한민국 교육행정직 공무원이다. 교육행정직은 일반행정직과 달리 학교 및 교육청에서 교원과 학생들의 교육 활동을 위한 각종 예산지출 및 시설행정을 지원하는 일을 한다. 서두에 공무원임을 밝힘으로써, 내가 왜 퇴직 전후에 소통 전문 강사의 포부를 가지게 되었으며, 어떻게 어려움을 극복한 후 현재보다 나은 비전 있는 미래로 향할 수 있었는지에 대한 지혜를 테마식으로 기술하며 공유하고자 한다. 내가 전문 작가가 아니다 보니 유창한 언어 구사 및 매끄러운 미사여구 등은 부족할지 모르나 진솔하고 꾸밈없는 이야기를 하고자 하며 독자들이 이 글을 읽고 공감하기를 기대해 본다.

02

# 평탄치 않았던 유, 청소년기의 추억

나의 고향은 3곳이나 된다. 그래서 사회생활을 잘했는가 보다. 조직 생활에 유리한 쪽으로 고향을 얘기할 수 있으니 말이다. 부모님 고향은 경상북도 예천이신데 나도 태어난 곳은 공기가 좋고 물 맑은 예향의 도시 예천이다. 그리고 1개월 만에 서울 성동구 하왕십리로 이사를 하여서 5세까지 살다가 1972년 성남시로 이사를 왔다 그 당시 서울 왕십리, 청계천 등 빈민촌 재개발 사업으로 철거민들이 둥지를 튼 곳이 성남시였다. 그래서 고향이 경북 예천, 서울 왕십리, 성남시 이렇게 3곳이 된다.

왕십리 유년 시절 부친이 장남이시라 같이 모시고 산 조부님은 한전에 다니셨고 부친은 일찍이 건실한 제과 회사에 다녔으나 내 나이 6살 때 조부께서 폐암으로 갑자기 돌아가셨다. 또한 부친이 근무한 제과 회사에서 불행한 일로 퇴사하시어 모친과 별거하시게 됨으로써 우리 집안은 급격히 가세가 기울었다. 궁여지책으로 부잣집 맏며느리로 시집오신 모친이 생계를 이어나가게 되면서 평탄치 않은 나의 삶이 시작되었다.

내 나이 6살부터 성남시에서 모친께서 여인숙을 시작하게 되었다. 유년 시절의 중요한 시기에 여인숙은 교육환경으로서는 최악의 조건이었다. 밤마다 술주정뱅이들의 빈방 달라는 고함, 무전취식하는 손님과 모친과의 실랑이 소리, 그 당시에 대부분 모두가 힘든 시절이었겠지만 왜 하필 여인숙을 하시게 되었는지 마음이 아팠다. 물론 어쩔 수 없는 선택이었겠지.

그러나 초등학생이었던 나는 친구들에게 우리 집이 일반 가정집이 아니라 여인숙을 한다는 것을 친구들에게 말하기 싫었던 기억이 난다. 지금으로서는 철없던 생각이었지만 말이다. 모친의 자녀들을 위한 삶의 몸부림이었던 상황이었음을 지금에서야 깨닫곤 한다.

어머니 감사합니다. 고생하셨습니다. 사랑해요.

4~5년 운영하시던 여인숙을 운영난에 접으시고 돈벌이가 된다는 이유로 어머니는 지방에서 공사장 노동일과 공사장 함바집 주방일 등을 하게 되었고, 나는 초등학교 5학년부터 모친과 별거 생활에 들어가게 되었다. 대신 이모가 우리 2남 1녀를 보살피게 됨으로써 나에게는 또 한 번의 위기가 오게 되었다.

초등학교 시절 나의 성격은 꽤 활발했었다. 자기 주도적으로 친구들과 지냈으며 개구쟁이 소리를 들으면서 자랐던 기억이 난다. 그러나 이모가 나를 돌보게 됨으로써 문제가 생기고 말았다. 그때 나는 한참 민감하고 예민한 청소년 시기였다. 이모는 이모부와 이혼하여 홀로 살아가는 상황이었으나 재정 형편상 언니 집에 같이 살게 되었었는데 이혼의 우울증과 히스테리 성향을 지니고 있어, 그런 정신적 스트레스를 같이 생활하면서 나에게 풀었었다.

하루는 이런 일도 있었다. 중학교 2학년 어느 때였던가. 아침에 늦잠을 자게 되어 부랴부랴 등교하려는데 대문을 열어놓고 학교에 간 것이었다. 물론 나는 몰랐었다. 그런데 이모가 학교로 나를 찾아와 왜 대문을 열어놓고 왔냐 하시면서 혼냈던 기억이 난다. 아니. 가당한 일인가 이것이. 무서웠다 히스테리가 보통이 아니었던 것 같았다.

또 한번은 밥을 먹다가 밥풀을 흘리면 행주를 나의 얼굴에 던지셨다. 그때부터 이모가 무서웠다. 원래 명랑한 성격이었으나 이때부터 언행이 소심해지고 내성적인 청소년기를 지내게 된 것이다. 더욱이 나에게 큰일이 발생하게 되었다. 남 앞에 서서 말을 하게 되면 더듬게 되는 현상이 발생하게 되었다. 실로 충격적이었다. 초등학교 때만 해도 말 잘하고 쾌활한 성격의 아이였는데 이렇게 환경의 변화로 말을 더듬게 되다니… 정말 죽고 싶은 심정이었다. 자살까지도 생각했었다.

설상가상으로 학교에서는 나를 괴롭히는 학생이 생겨났다. 항상 이모 때문에 주눅이 드는 생활을 하다 보니 체격은 동년배들보다 왜소하였고 게다가 기가 없이 내성적이었으니 중학교 내내 나를 힘들게 하였다.

돌파구가 없었다. 항상 마음의 안식처가 없었으니, 이 또한 지나가리라고 생각했으면 얼마나 좋았겠는가? 그때는 너무 감당하기 어려운 시절이었던 것이 아쉬웠다.

그렇게 시간이 흘러 고등학교에 진학하고 중학교 때의 정신적인 스트레스는 다소 진정이 되었으나 여전히 이모와의 생활은 계속되었었다. 이모의 우울증 및 히스테리는 극에 달하였고 이윽고 정신병적인 상태에 이르게 되어 내가 고2 때인 18살에 병원에 입원하게 되고 드디어 이모와의 생활에서 해방되었다.

03

# 희망의 등불이 비치다

지난 5~6년 가장 중요한 청소년기의 심리적인 보상은 그 누구도 해줄 수 없었다. 내가 온전히 감당하여야만 했다. 그때 나를 따듯하게 감싸주었던 선생님이 있었다.

고2 때 체육 선생님이고 잘생기셨던 조영민 선생님이었다. 그분은 나를 보면 항상 "우리 상원이는 마음이 따듯해."라고 말씀하신 것이 기억난다. 상원아! 우리는 살아가면서 수없이 많은 방법으로 사랑을 표현할 수 있단다. 따뜻한 미소, 감사의 편지, 예기치 못한 선물, 몇 송이 꽃이나 한 통의 따뜻한 전화 같은 것을 살아가면서 몸에 체득하여야 한다고, 따스한 관심을 서로에게 나타내어야 한다고 말씀하시면서 나의 어깨를 다독이며 나를 칭찬하셨던 분이었다. 또한 수시로 이런 말씀도 하신 것이 기억나곤 한다.

"너는 멋있는 아이다. 너는 어디서든 필요한 아이다. 너는 네 인생의 주인공이다. 너는 할 수 있다. 너는 꿈이 있다. 너는 참을성이 있다. 너는 무엇이든 끝까지 열심히 한다. 마지막으로 너는 이 세상에서 꼭 필요하다."라고 말씀하시곤 하셨다. 지금은 선생님과 연락은 안 되지만 초등학교, 중학교, 고등학교를 통틀어 그분의 따뜻한 말 한마디가 그리도 고마웠던 그 시절로 돌아가고 싶은 생각이 나곤 한다.

어쨌든 이모와의 이별 후에 5~6년의 이모에 대한 트라우마가 얼마간 지속됐지만 이내 서서히 가시어 나만의 행복한 시간이 시작되었다. 서서히 고 3학년부터 초등학교 때의 명랑하고 외향적인 성격이 나타나기 시작하였다. 친구도 여럿 사귀게 되었으며 열심히 운동하였다. 농구 및 달리기를 집중적으로 하였다.

특이하게도 고2까지 160㎝이었던 키가 고3, 20살까지 172㎝ 무려 12㎝가 컸던 것이었나. 물론 공통되는 현상은 이니겠지만 심리적인 압박 및 스트레스가 얼마나 청소년기에 신체적 정신적으로 폐해를 끼치는가는 나를 보면 알 수 있을 것이다. 평탄치 않았던 나의 유, 청소년기를 지나 20대 이후 공무원이 되기까지를 이야기해본다.

04

# 교육행정직 공무원이 되기까지

순탄치 않았던 중, 고 시절을 보내다 보니 학업에 소홀하게 되어 초급대학에 진학하게 되었다. 그것도 점수에 맞춰 원하지도 않은 건축설비과에 입학하게 되어 나에 대한 불만이 많았던 대학 생활이었다. 그러던 중 같은 과 친구가 교육대학에 들어가기 위해 학력고사를 학교 다니면서 도전하자고 하였다. 사실 마음에 들지도 않은 과를 다니기보다는 새로운 도전을 하는 것이 좋다고 생각해 같이 공부하게 되었으나 둘 다 낙방. 열심히 하였으나 기초학력이 미비하였던지 춘천교대 시험에 고배를 마시게 되었다. 한 번 더 도전해 보기로 하였으나 같이 공부한 친구가 포기하다 보니 나도 이내 포기를 하게 되었다.

이후 뚜렷한 목적 없이 방랑 생활을 하게 되었다. 아르바이트도 참 많이도 했다. 중국집배달원, 백화점 점원, 남한산성에서의 오징어 장사, 한밤중에 찹쌀떡 장사, 공사판 노동, 다방 디제이, 디스코장 판돌이

등 군대에 가기 전 경험을 쌓자는 생각에서 해 보지 않은 것이 없었다. 지금 생각하면 많은 경험이 나의 성장에 도움이 되었던 것 같았다. 군대를 남들보다 늦게 24세에 가게 되다 보니 신병 시절 나보다 나이가 많은 사람이 없어 나를 괴롭힌 사람이 없어 좋았다. 만약에 있었으면 과거 이모의 트라우마가 다시 생겨났을지도 몰랐었다. 하늘의 도움이었다.

항상 생각해왔던 것인데 힘든 시기가 있으면 편한 시기도 있다는 것은 세상의 이치인가 보다. 아무쪼록 평탄한 군대 생활을 마칠 무렵 재대 후 직업에 대하여 생각하게 되었다.

군대에 가기 전 교육대학 도전에 실패했으니 같은 학교 근무를 할 수가 있는 교육행정직 시험에 도전하기로 마음먹고 제대하기 전부터 공부하기 시작하여 26세에 제대하여 27세에 교육행정직에 합격이 되었다. 교육행정직 선택 이유는 근무 중 그 당시에도 일과 삶의 균형과 시간을 활용할 수 있는 유일한 직장임을 인지하고 있었기 때문이었다. 결국은 당당하게 합격하여 경기도 여주교육청에 첫 발령을 받아 근무를 시작하게 되었다.

05

# 원대한 포부를 품다

정말 교육청 및 학교 근무는 시간의 여유 활용에 탁월하였다. 누가 그랬던가 내 사주는 한곳에 머물지 못하고 다양한 경험을 할 것이라고. 나는 이 교육행정직 근무로 만족할 수 없었다. 좀 더 명예가 있고 전망이 있는 직장으로 옮기고자 하는 원대한 포부가 있었다. 역경을 이기고 어려운 공부를 끝까지 해내는 체험을 하고 싶었다. 어떠한 힘든 상황에서도 좌절하지 않고 꿋꿋이 공부할 수 있는 정신력과 체력을 겸비하면서 처음에는 행정고시에 도전하였다. 시간이 많이 남다 보니 도전할 수 있겠다 생각이 들었다. 그래서 결혼 전부터 공부하였다. 그러나 뱁새가 황새를 따라가려니 너무나 높은 장벽이었다. 1년 공부하고 기초공부의 부재 등 현실을 실감하고 포기하게 되었으며 그즈음 같은 교육행정직 동기인 부인과 결혼하게 되었다. 이 직장이 나의 천직이라 생각하고 공무원 생활을 하려고 하였으나 얼마 가지 않아 부인에게 고백하고 그 머나먼 감사원 7급 합격을 목표로 공부를 시작하게 되었다.

그러나 나를 지원했던 부인도 계속되는 공부에 지친 나머지 갈등이 시작되었다. 왜냐하면 토요일, 일요일에 학원 및 도서관에 다니게 됨으로써 신혼 때인 행복하고 달콤한 시기의 부재를 감당하기 어려웠던 게다. 이해되었다. 한꺼번에 합격이 안 되고 계속 합격점에서 불합격이 되는 것이 3년이 넘어가니 아무리 본인이 찬성한 공부라지만 내가 너무 이기적으로 공부를 했던 것 같다. 지금에야 후회하지만, 그때 행정고시 및 감사원 공부를 하지 않고 교육행정직을 천직으로 알고 공무원 생활에만 충실하였다면 부인과의 원만한 결혼생활과 고속승진이 되지 않았겠나 싶은 생각이 강하게 뇌리에 스친다.

혹시 공무원이신 독자에게 조언을 드리고 싶다. 가능한 한 공무원 생활을 하면서 전직시험을 도전하려거든 현재 직장을 그만두고 배수의 진을 치고서 공부하든지 아니면 두 가지 일을 같이 하지 말라고 전해주고 싶다. 물론 사람마다 능력이 상이하겠지만 말이다.

결국은 다 포기하고 공무원임용 후 6년 후인 7급부터 진짜 교육행정직 공무원 생활을 천직으로 알고 근무하게 되었다.

## 교육청 및 학교 근무 에피소드

성남교육청 학원 팀장을 할 때이다. 관내 민원인들의 학원 및 교습소 등의 인허가 및 등록 업무는 민원인들의 생계에 관여하는 업무이다 보니 민원인들과의 마찰이 잦았다. 하루는 민원인 중에 교육청 사무실로 찾아와 다짜고짜 “왜 학원허가를 해주지 않는 것이야.” 하면서 “따발총을 쏘겠다.”라고 협박을 하였다. 다행히 그 민원인은 따발총은 소지하고 있지 않았지만 식겁한 일이 아닐 수 없다.

물론 공무원 생활 중 자랑할 만한 일도 있었다. 성남교육청 학원 팀장 시절 관내 학원이나 교습소의 부정부패를 근절하고 건전한 학원 문화 풍토 조성 목적으로 경기도 최초로 학원 학부모감시단을 발족시키어 경기도 관내 신문에 게재시켜 홍보에 앞장섰다. 용인교육청 경리팀장 시절에는 경기도 최초 BTL(민간합작학교설립) 사업을 추진해 계약에 성공하였다. 이외에도 크고 작은 업무로서의 업적은 많으나 기술하지는 않겠다.

학교에서의 근무 기간은 30여 년 중 20여 년을 근무하였으며 초등학교 근무 시절 나는 아이들을 특히 초등학생들을 좋아했다. 그래서 젊은 시절 초등학교 교사가 되기 위해 교대 시험을 보았는지 모른다. 물론 실패하였지만, 우회적으로 교육행정직에 발을 들이게 됐는지도 모른다. 하루는 학교 순찰을 돌던 중 특정 남학생이 항상 위험한 난간대에서 쉬는 시간마다 놀고 있는 것이 아닌가? 보통은 선생님들이나 직원들은 그냥 지나치는 경우가 많다. 왜? 호기심 많은 초등학생이니까. 그러나 나는 그 남자아이를 주의하여 보았다. 역시나 난간대에서 떨어지는 위험 상황을 내가 빠르게 엎드려 내 등으로 받쳐 다행히 다치지 않고 그 아이를 구할 수 있었다. 물론 사소한 일일지 모르나 그때를 생각하면 아찔한 순간이었다.

특수학교 근무 시절에는 평소 장애인에 대한 시각을 재조명하게 되는 계기가 있었다. 특수학교는 유치원부터 대학교까지 교육과정이 있으며 나이도 7세부터 23세까지 다양한 학생들이 공부하는 곳이다. 물론 학업이 아니라 보육이 주된 목적인 학교이다 보니 선생님이나 직원들의 학생들에 대한 사명감이나 보살핌이 투철해야 했다.

적어도 나에겐 없는 그러한 사명감은 이 학교 근무를 계기로 커다랗게 생겨났다. 즐거움과 희망을 이 장애 학생들에게 심어주자는 마음이 생겨났다. 그럼 '나는 행정실장으로서 어떻게 해야 하지?'라는 생각이 들었으며 결국 장애인 시설예산을 경기도교육청으로부터 배정받도록 최선을 다한 것이 기억이 난다. 그리하여 학교 내 장애인 복지관도 설립하였으며 이로 인해 교육감상을 받게 되었다. 지금도 생각하면 특수학교 근무 시절이 가장 행복하였다.

교육청 및 학교 근무 때는 업무 관련 이야기도 있지만, 놀이문화도 상존한다.

교육청 근무든 학교 근무든 청소년기를 제외하고 평소 성격이 쾌활하고 남 앞에서 사회를 보는 것을 좋아하는 편이라 야유회 시 사회는 주로 내 차지였다. 아마 이러한 성향 덕분에 고려대 명강사 과정을 신청하게 되었으며 또한 소통 전문 강사의 꿈을 품게 되는 계기가 되지 않았나 생각된다.

상기에 기술하다시피 한곳에 집중하지 못하고 이것저것 기웃거리는 습관이 이제는 공부가 아닌 자격증으로 옮겨갔다. 다행이었다. 이상한 주식이나 도박 등 사행심으로 가지 않았으니. 성남교육청 근무 시절에는 평생교육사에 도전하여 자격증을 취득하였고, 중학교 근무 때 독사논술지도사를 취득하였다. 현재의 명강사가 되기 위한 초석이 아니었나 싶다. 그 외에 소소한 자격증인 방화관리자 1급, 행정사, 컴퓨터 자격증 등을 기회 있을 때마다 굶주린 늑대처럼 취득하였다.

## 동기부여 멘토가 나타나다

사무관에 최종 불합격된 후 무엇인가를 해야겠다는 생각으로 생활하던 중 공인중개사나 주택관리사를 도전해 보았지만 그리 오래가지는 못했다. 흥미도 없었을뿐더러 공부를 쉬고 싶은 마음이 강했던 것인지 중간에 포기하게 되었다.

어느덧 내 나이 54세가 넘어 버린 시점에 네이버를 검색하던 중 웃음치료사 및 레크리에이션자격증 과정을 흥미롭게 접하게 되었다. 서울 관악구에 소재한 국제여가문화협회라는 곳에서 자격증과정을 개설하였다기에 관심 있게 문을 두드리게 되었다.

나는 성격이 명랑하고 누군가와 대화하기를 좋아하며, 특히 노인분이나 아이들, 장애인분들을 향한 관심이 컸었던 만큼 이 자격증을 취득하여 각종 복지관 및 양로원 등에 기부 재능 자원봉사를 할 수 있겠다 싶어 불끈! 동기부여가 생긴 것이었다.

"남에게 감동을 주는 것은 그의 가슴속에서 우러나오는 말이다." 괴

테의 이 말처럼 우리에게 감동을 주는 말이나 행동은 가슴속 깊은 곳에서 우러나오는 말이나 행동일 것이다. 입에서 나오는 말은 우리에게 깊은 감동을 주지 못하며 깊은 가슴속에서 솟구치는 말, 진실에서 우러나오는 가슴의 말이 우리에게 큰 감명과 힘을 불러일으킬 것이다.

이 명언을 명심하면서 웃음치료사 및 레크리에이션 활동을 하겠다고 다짐했다.

나의 공무원 동료 중에 교육행정실장을 하면서 상담심리학을 25년간 공부하여 박사까지 취득한 김영돈이라는 동기가 있다. 참으로 대단한 친구다. 자기관리가 이리도 철저한지. 또한 책을 많이 섭렵하였던 친구다. 부러울 뿐이다. 지금까지 책도 3권이나 집필하여 세상 밖으로 출간하였다. 나에게 멘토가 됨은 틀림없다. 왜냐하면 그 친구 덕분에 고려대 최고위 과정을 접하게 되었다. 나도 무엇인가가 필요했다. 비교해서가 아니라 웃음치료사나 레크리에이션도 좋지만 좀 더 나은 그 무엇인가를 네이버에서 찾던 중 김영돈이라는 친구가 소속되어 강의 활동을 하는 가천대 명강사 최고위 과정을 조회하게 되었다. 그러나 망설였다. 내 동기가 강의하는 곳에서 그 과정을 들을 수는 없다고 생각하여 다른 학교 명강사 최고위 과정을 찾아보게 되었다.

## 고려대 평생교육원 명강사 최고위 과정을 접하다

드디어 우리나라 최고 학부의 하나인 고려대 평생교육원 명강사 최고위 과정을 만나게 되었다. 벌써 15기까지 진행된 최고의 과정이었다. 신중하게 과정에 대하여 문의하고 최종적으로 수강하게 되었다. 한국 교육 강사연합회 등 다양한 협회로도 문의를 해 보았으나 고려대 명강사 최고위 과정처럼 오랜 전통과 좋은 커리큘럼을 갖춘 과정은 없다는 점이 수강하게 된 가장 큰 이유인 것 같다.

06

# 소통 전문가로 인생 제2막을 열어라

본인의 재능을 신뢰해야겠다는 강한 자신감을 가져야 했다. 신념이 없다면 성공하지도 행복하지도 행복하게 되지도 못할 것이다. 건전한 신념이야말로 명강사로 성공하는 동기가 된다고 본다. 열등감이나 무능감은 희망의 달성을 방해하지만 강한 자신감과 명강사로서의 신념은 자기의 능력을 발휘하고 희망을 달성하게 하여 줄 것이라고 자기암시를 하였다.

그냥 편하게 퇴직한 후에 연금 받으면서 노후 생활을 하고 싶은 마음도 있었다. 그런데 무언가 허전했다. 남에게 행복을 전하는 소통 전문가가 되고 싶었다. 퇴직 후에 활동하려면 퇴직 4년 전부터 시작하여야만 했다. 그래서 이 과정을 시작하게 되었다. 물론 어렵고 고달프다. 글쓰기도 하여야 한다. 웃음과 레크리에이션처럼 기타 치고 노래하는 스킬이 아니라 어떠한 테마를 가지고 10분 강의를 해야만 하는 과정이다.

왜 그렇게 고생하냐고? 나와의 싸움이니까. 그리고 상상의 나래를 펴기 위하여~~

12월까지의 4개월 과정은 짧은 여정이지만 소통 명강사로 거듭나기 위하여 교육과정에 최선을 다할 것이다. 과정 종료 후에는 특히 웃음과 레크리에이션이 접목된 소통 전문 강사로 거듭나도록 할 것이다.

또한 나와 독자들에게 이런 말도 남기고 싶다. 무슨 일이든 할 수 있는 한 최선을 다하라. 자기가 할 수 있는 한 모든 방법으로, 자기가 할 수 있는 한 모든 장소에서, 자기가 할 수 있는 한 모든 시간에, 자기가 할 수 있는 한 모든 사람에게, 자기가 할 수 있는 한 오래오래.

삶의 목적은 남을 이기는 것이 아니라 남과 함께 성장, 그리고 나눔이라고 생각한다. 언젠가 자신의 삶을 돌아보았을 때, 누군가를 능가하고 물리쳤을 때보다 그들의 삶에 기쁨을 안겨주었을 때가 더욱 만족스럽게 느껴질 것이다.

그래서 나는 결심한다. 인생 제2막을 열기로… 교육행정직으로서 30여 년을 근무하고 퇴직 4년 정도 최선을 다할 수 있는 시간이 남은 이 시점에서 고려대 명강사 최고위 과정을 수강하였다.

마지막으로, 퇴직 전후 웃음과 레크리에이션이 접목된 소통 전문 강사로서의 원대한 꿈을 품고 나를 새롭게 거듭나게 하는 과정이 되기를 희망하면서 나의 소망 다섯 가지를 적고 이 글을 마치려고 한다.

첫 번째. 사랑하는 가족과 행복하게 보내기

두 번째. 남은 생애 동안 행복 충만한 도서 1만 권 읽기

세 번째. 평생 자원봉사활동 1천 회 하기

네 번째. 하루에 무조건 운동(걷기 및 근력운동) 2시간 하기

다섯 번째. 소통 전문 강사(특히, 실버분들)로 2천 번 강의하기

PART 13

# 늦더라도 괜찮아, 조금 늦게 빛나는 별도 있어

# 최정미

**Mobile**
010-8581-1609
**Email**
jeongmi814@hanmail.net

## 학력 및 경력사항

- 유아교육 전공 석사 / 유아교육 전공 학사
- 미술심리 전공 학사
- 성신여자대학교 일반대학원 유아교육 전공 박사과정
- 고려대 명강사 최고위 과정 16기 재무국장
- 현 어린이집 원장 (관련 경력 19년 차)
- 현 한국민간자격개발원 미술심리상담사, 아동 미술 지도사
- 현 손유희, 동화 구연 자격증과정 교육강사
- 현 임지항 아트 스토리 미술심리 상담센터 미술심리상담사
- 전 동대문 위앤아이 상담센터 미술심리상담사
- 전 서울 신천초등학교, 양주 백석 초등학교 창의 미술 외부 강사
- 전 서울 시립 수락 양로원 재능기부 미술심리상담사 외부강사

## 강의 분야

- 유아교육, 부모교육, 아동 창의미술, 미술 심리
- 푸드 아트테라피, 동기부여, 자기 계발, 청소년, 꿈, 행복
- 경력 단절 주부 대상 라이프스타일

## 자격 사항

- 명강의 명강사 1급, 어린이집 원장(일반)
- 유치원 정교사 1급, 보육교사 1급, 독서 코칭 지도사 1급
- 미술심리상담사 1급, 아동 미술 지도사 1급, 손유희지도자
- 동화구연지도자

## 수상 경력

- 국회의원 표창장, 건국대학교 미래 지식교육원 공로상

## 저서

- 명강사 25시(공저)
- 네이버 블로그 꿈담아리 https://m.blog.naver.com/jeong814

01

# 마흔, 엄마의 꿈

고령화 사회로 점점 수명은 늘어나는데, 정년은 점점 짧아지고 있다. 50대 중반까지 한 직장만 몇십 년을 다닌, 어떤 조기 퇴직자는 그동안 모아 놓은 돈과 퇴직금으로 평생 먹고살기에 부족함이 없을 거 같아서 새로운 일을 시도하거나 준비하지 않고 그냥 맘 편히 노후를 보냈다고 한다. 그런데 퇴직 후 30년이 지나 80대 중반이 되고 보니 비로소, 자신이 50대 중반 퇴직 시 생각했던 것이 크게 잘못되었다는 것을 깨닫고 이렇게 말했다.

"내가 말이지, 정말 후회가 되는 한 가지는 말이야. 회사를 정년퇴임 했을 때인 50대 중반에 새로운 무엇인가를 시작했다면 지금쯤 무엇인가를 성취했을 수도 있었을 텐데, 적어도 최소한 이렇게 죽을 날만 기다리며 허송세월하지는 않았을 것인데 말이야. 지금이라도 새로운 무엇인가를 시작해 보려고 하네. 그 30년의 세월이 너무 아까워!"

김병완의 『40대, 다시 한 번 공부에 미쳐라』에 나오는 글의 일부이다.

나는 이 책을 읽고 또 읽었다. 김병완은 삼성전자에서 10년 이상 연구원으로 재직하였는데 갑자기 자신의 인생의 길을 찾고자 회사를 그만두고, 고향으로 내려와 3년 동안 도서관에서 목숨을 걸고 책을 읽었다고 한다. 중국 최고의 시인인 두보는 "만 권의 책을 읽으면 글을 쓰는 것도 신의 경지에 이른다."라고 말하였다. 김병완은 3년간 9천 권 이상의 책을 읽고, 그 후 만 권 이상 책을 읽으며 작가가 되었다.

나는 평범한 직장인이자, 아내이자 주부이다. 어린 시절 어렵고 힘들게 자라서 학벌도 그리 좋지 않았다. 나의 꿈은 가정 선생님이었다. 하지만 가정형편이 어렵다는 이유로 부모님께서 너무 반대하셔서 면접을 가지 못했다. 대학교 면접일에 나는 공장에서 아르바이트를 하고 있었다. 그렇게 나는 우여곡절 끝에 전문대학 유아교육과를 졸업하였고, 바로 어린이집 교사로 일을 시작했다.

"행복한 가정은 모두 모습이 비슷하고, 불행한 가정은 제각각의 불행을 안고 있다."는 톨스토이 장편소설 『안나 카레니나』 1장 첫 줄에 나오는 문장이 있다. 이 문장에 나오는 불행한 가정의 갖가지 이유가 종합선물 세트처럼 다 있었던 그런 집에서 나는 태어나고 자랐다. 꿈조차 꿀 수 없는, 희망조차 없는 그런 어린 시절을 보냈다.

내 나이 31살 때 문득 뭔가를 해야 할 거 같았다. 가진 재산도 없었고, 이렇다 할 전문직도 아니었던 내게도 스스로 무언가를 이루어 성공하고 싶다는 꿈은 항상 있었던 거 같다. 돈이 있는 사람은 사업을 해서 돈을 벌면 되고, 투자를 잘하는 사람은 투자를 해서 돈을 굴리면 된다. 그리고 부모로부터 물려받을 재산이 많은 사람은 그 돈으로 사업을 해도 되고 그냥 놀아도 된다. 하지만 나는 위 모든 조건에 해당이 되지 않으니, 공부만이 성공의 열쇠가 될 거라는 막연한 생각이 있었다. 내 나이 31살, 그동안 관심이 있었던 장애 아동 관련 일을 하고 싶어서 사이버 대학교 특수교육학과에 3학년으로 편입하였다. 육아와 일을 병행하며 공부를 한다는 건 힘들다는 걸 몸소 체험하고 한 학기 만에 자퇴했다.

그로부터 8년 후 내 나이 39살. 다시 무언가에 도전하고 싶었다. 당장 나에게 이득이 되는 공부가 아닐지라도 60대를 내다보고 공부하여, 제2의 인생, 제2의 직업을 갖고 싶었다. 그래서 다시 나는 31살에 편입하였던 사이버 대학교에 미술치료학과 3학년으로 편입하였다. 이때도 나는 육아와 직장 생활을 병행했지만, 딸아이도 어느 정도 커서 인터넷을 통해 강의를 듣고 공부하기에 큰 무리는 없었다.

학창 시절에 그토록 하기 싫던 공부가 막연한 꿈이 생기니 더 하고 싶어졌다. 지금보다 점점 더 나은 나의 미래에 발을 내딛고 싶었다. 미래는 현재가 모여 만들어진다고 하지 않던가. 지금까지 헛되이 보낸 시간을 다시 반복하고 싶지 않았다. 그렇게 사이버 대학교 미술치료학과 학사를 졸업하고 난 후 바로 다시 목표를 세웠다.

"대학원에 가자." 미술치료 대학원을 목표로 방향을 잡았다. 그러다가 미술치료 관련 상담 경력이 없어서 대학원을 나와도 왠지 길이 보이지 않을 거 같았다. 고민 끝에, 학부 때 전공한 유아교육과로 전향하여 대학원에 진학하였다. 내가 다닌 대학원은 교육대학원이라 저녁에 수업이 이루어졌지만 난 2년 동안 딱 한 번 결석하였다. 휴가 기간에 홍콩으로 여행을 갔을 때 갑자기 태풍이 불어 예정된 날에 결항이 되어 비행기를 탈 수 없었었다. 그래서 그 다음 날 수업을 듣지 못했다. 천재지변으로 일어난 일로 인해 결석한 이날을 빼고는 무슨 일이 있어도 수업에 참석하였다. 나와의 약속이었다. 주어진 기회에 성실하게 임할 것. 준비된 자만이 오는 기회를 놓치지 않는다.

어렵게 마음먹고 늦깎이 학생으로 들어간 대학원을 헛되게 보내고 싶지 않았다. 지나고 봐도 후회 없는 2년을 보내고, 마지막 논문 학기에는 학점 졸업 대신에 논문을 썼다. 내가 다녔던 대학원은 학점 졸업과 논문 졸업을 마지막 5학기 때 선택을 할 수 있다. 성실하게 대학원 생활을 한 만큼 학점도 좋았다.

책을 그다지 좋아하지 않던 나는 석사 논문을 쓰면서 절실히 독서의 중요성을 느꼈다. 읽은 만큼 써진다고 하지 않던가. 글이 논리적으로 써지지 않고, 문맥 연결도 어려웠다. 고치고 또 고치고 다시는 내 글이 보고 싶지 않을 만큼 또 보고 또 보고 했다. 우여곡절 끝에 나의 첫 번째 부끄러운 논문이 완성되고 통과되었다. 그런들 어떠하고 이런들 어떠하리. 꿈을 갖고 도전하고 노력하는 그 과정이 아름다운 삶이지 않을까.

나는 이렇게 뒤늦은 나이에 또 하나의 목표를 완성하였다. 그리고 지금 또 다른 도전으로 일반대학원 유아교육 전공 박사과정 중에 있다. 박사과정을 졸업하면 바로 미술 심리 및 사회, 성격 심리 전공 석사, 박사를 이어서 공부할 계획도 세웠다. 물론 이 꿈도 이룰 것이다. 100세 시대이지 않은가. 나는 오늘도 꿈을 꾸고 도전 중이다.

02

# 어린 시절이 중요한 이유, 그럼에도 불구하고

어린 시절의 감정과 마음이 성인이 되어서, 아니 평생에 걸쳐 한 사람의 인생을 따라다니는 것을, 어린 시절의 기억이 성인이 된 한 사람을 행복한 사람으로, 때론 불행한 사람으로 만드는 유의미한 가치를 만드는 것을 안다.

행복한 유년기, 지지받고 공감받는 환경에서 자란 사람은 그렇지 못한 사람보다 성공할 확률, 안정적인 가정을 꾸릴 확률, 리더십 있고 감성적이며 잘 공감하며 훌륭한 인간관계를 이끄는 능력을 갖춰서 삶을 더 여유 있고 행복하게 살 확률이 훨씬 높다.

아들러 이론에서 한 사람이 세상을 어떻게 살지 기준으로 하는 가치관은 이미 8살 이전에 완성된다고 한다. 그만큼 어린 시절의 주변 환경과 주 양육자와의 관계가 그 아이의 성격 형성 및 가치관에 지대한 영향을 미친다. 8세 이전에 형성한 자존감이 그 이후의 내 삶의 뿌리가 되고 버팀목이 되며 평생 행복까지 연결된다고 심리학자들은 말한다. 그렇기 때문에 태어나서 8세까지는 그 어느 시기보다 중요하다. 아이의 시간을 허투루 보내지 않을 부모 교육이 절실한 이유이다.

조지 베일 헌트의 『75년에 걸친 하버드 대학교 인생 관찰보고서 행복의 비밀』이라는 책에서 나오는 글을 인용하면 다음과 같다. 소설가 조지프 콘래드가 탄식했다. "어린 시절 바라고, 사랑하고, 삶에 대해 확신하는 법을 배우지 못한 사람의 인생은 얼마나 비극인가!" 아동기에 형성된 자의식과 기대 의식은 우리의 인간관계를 형성하고, 이후의 삶을 풍요롭게 하거나 그렇지 않은 사회적 환경을 만들어 낸다. 아동기에 경험한 나쁜 일보다 좋은 일이 이후의 삶에 더 많은 영향을 준다. 아동기에 따뜻한 인간관계를 누렸다는 것은 성인의 삶에 무엇보다 중요하다.

조지 베일 헌트의 연구에 따르면, 사랑받지 못하고 자란 아이는 사랑받고 자란 아이보다 70세에 이르렀을 때 심각한 우울증을 경험한 비율이 8배나 더 높았다고 한다. 따뜻한 아동기 환경에서 자란 대상자도 때로는 지나친 흡연, 알코올 남용, 진정제 정기 복용을 하기도 했지만 쓸쓸한 가정환경에서 자란 아이는 세 가지 모두에 해당하는 경우가 많다. 또한 경제적 능력에서도 차이를 보였다. 가장 따뜻한 아동기 환경을 경험한 59명의 대상자는 가장 쓸쓸한 아동기 환경을 보낸 63명의 대상자보다 수익이 50퍼센트가 더 많았다. 아동기에 얼마나 따뜻한 환경에서 자랐는가와 삶의 만족도 사이에 밀접한 상관관계가 있다는 것도 중요한 발견이었다고 연구 결과는 말하고 있다.

위 연구에서의 가장 중요한 연구 결과는 사랑받고 자란 아이는 70세가 되어서도 따뜻한 사람들의 도움을 누리며 사는 비율이 사랑받지 못하고 자란 아이에 견주어 4배나 높았다고 한다. 어린 시절의 상처는 어린 시절의 아동이 느낀 그 시기의 아픔으로 끝나는 것이 아니라, 그 아동이 치유되지 않은 마음을 안고 성인이 된 이후에도 여전히 아프다.

하지만 이런 연구 결과에도 불구하고 자신의 의지로 어린 시절의 안 좋은 기억, 지지받지 못한 환경의 영향을 바꿀 수도 있다. 자신의 의지로 바꿀 수 없다면 심리상담사 등 전문가의 도움을 받는다면 충분히 현재보다 나은 나를, 현재를 더욱더 가치 있게 살 수 있는 용기를 얻을 수 있다. 나는 지지받지 못하는 환경에서 성장했지만 심리학을 만나면서 나를 변화하고자 하였으며, 그렇게 나는 내면의 성장을 이루었다. 알프레드 아들러는 말한다. "어떤 경험이든 그것 자체가 성공의 원인이나 실패의 원인이 될 수는 없다."고 말이다.

03

# 심리학이 내 삶에 들어오다

우울증에 걸린 사람은 심한 불안감을 안고 있다. 우울증에 걸린 사람은 편도체의 반응성이 매우 높아져 있기 때문에 이 반응성을 떨어뜨려 불안을 줄이고 우울증을 완화시킨다. 불안에 영향을 미치는 편도체는 뇌 깊숙한 곳에 자리한 오래된 구조물이다. 시상하부와 긴밀하게 연결되어 있고 감정적인 변연계에서 중심적인 역할을 한다. 우울증에 걸린 사람은 편도체의 반응성이 높아져 있기 때문에, 우울증 치료 중 하나의 방법으로 편도체의 반응성을 떨어뜨려 불안을 줄이고 우울증을 완화시킨다.

심리치료에서도 이 편도체의 반응성을 낮추는 방법의 하나로 마음챙기기, 즉 직면하기가 있다. 과거든, 현재든 있는 그대로의 나를 바로 바라보는 것이다. 자신이 무엇을 인지하고 있는지, 자신이 현재 어떤 감정이 있는지 알아차리고 인식하는 것만으로도 전전두피질이 활성화되어 높아진 편도체를 다시 진정시킬 수 있다. 나를 인식할 때 판단하지 않는 것이 중요하다. 현재 내 상황이 기대한 대로 풀리지 않을 때도 감정적으로 반응하지 않고, 단지 그 상황을 알아차리기만 하는 것이다. 과거에서 오는 불안감이나 걱정이 있다면, 그 걱정을 직면만 하는 것이다. 실수나 후회를 감지하면 감정적인 편도체가 자동으로 가동되어 우울증을 심화할 수 있지만, 자신의 반응을 인식하면 전전두피질이 활성화되어 편도체를 다시 진정시키는 것이다.

전전두피질은 뇌의 가장 앞부분에 있다고 해서 붙여진 이름이다. 이마 바로 뒤에 위치한 앞 3분의 1의 표면 전체이다. 뇌 부위 중에서 유난히 큰 부분을 차지하고 있는 전전두피질은 우울한 상태일 때 나타나는 걱정과 죄의식, 수치심, 명료한 사고의 어려움, 우유부단함의 주범이 된다. 상황이 기대한 대로 풀리지 않을 때도 감정적으로 반응하지 않고 단지 그 상황을 알아차리게 하는 것으로 이 전전두피질에서 일어나는 활동을 바꿀 수 있다. 심리 상담의 첫 시작은 이렇게 마음 챙김, 직면하기로 시작되고 마음 챙김, 직면하기가 잘 이루어지면 상담을 종료한다. 심리 상담의 처음과 끝은 마음 챙김이다.

나는 한때 우울증 증상이 있었다. 병원에서 우울증 검사를 받은 것은 아니다. 나는 나의 마음을 있는 그대로 받아들이며 이해하는 연습을 한다. 심리학을 접하며 이런 나의 내면을 온전히 있는 그대로 바라보며, 이해하는 눈을 키웠다. 심리학에서는 이를 '직면'이라고 한다.

우울증 관련 체크리스트들이 심리 서적에 많이 나와 있다. 보통 사람들도 몇 가지는 해당 사항이 있을 것으로 생각한다. 앨릭스 코브의 『우울할 땐 뇌 과학』이라는 책 서론 부분에 보면, 다음 증상 중 다섯 가지 이상을 2주 동안 거의 매일 겪었다면 주요 우울장애일 가능성이 있다고 한다. 다섯 가지 이하면 경미한 우울이라고 한다.

- 슬프거나 공허하거나 항상 짜증이 난 상태 등 우울한 기분
- 모든 또는 거의 모든 활동에 흥미나 즐거움 감소
- 상당한 체중의 감소 또는 증가, 식욕의 감퇴 또는 상승
- 불면증 또는 수면 욕구 증가
- 다른 사람들이 알아볼 정도로 초조해하거나 느려진 행동
- 피로 혹은 기력 상실
- 자신이 쓸모없는 존재라는 느낌, 과도하거나 부적절한 죄의식
- 생각하거나 집중하거나 결정 내리기가 어려움
- 죽음이나 자살에 대한 생각이 반복됨

위 체크리스트가 아니더라도 나의 감정은 내가 훨씬 잘 이해하고 느낄 수 있다. 나는 나의 감정과 마음을 알아차림으로써 우울 증상이 있었다는 것을 알게 되었다. 예전의 우울한 증상이 느껴졌을 때 나는 때론 감정의 기복이 심했다. 바쁜 일상에서 한 발짝 벗어나게 되면 우울한 기분에 사로잡혔다. 괜히 이유 없이 짜증이 났다. 그리고 폭식했다. 계속 자고 싶었다(수면 욕구 증가). 만성피로, 기력 상실. 때론 죽음이나

자살이라는 단어가 떠올랐다. 과거를 생각하면 더욱더 암울했다. 어린 시절을 생각하면 더 침체하였다. 왠지 모를 불안감에 팔이 저려 올 때가 있었다. 불안감으로 인해 신체적인 반응까지 나타났다.

하지만 병원에 가지는 않았다. 약으로 나의 마음을 다스리고 싶지 않았다. 우연히 접한 심리학 공부를 하며 나의 마음을, 나의 감정을 온전히 느끼며 받아들였다. 우울한 마음이 있는 나도 '나'이기 때문에 있는 그대로의 나를 받아들였다. 내 감정과 내 마음을 인식하고 그 감정 그대로, 인식한 그대로 받아들이며 나를 알아 갔다.

심리는 과학적인 학문이다. 심리학을 공부하면서 알아차림, 나 자신을 직면하기가 얼마나 중요한지 나 스스로 느끼는 계기가 되었다. 나를 알아차리기만 해도 그때부터 나는 발전의 가능성이 있다. 우울한 마음과 현재의 불안감에서 벗어날 수 있다. 나는 심리학을 공부하며 미술 심리 워크숍을 다니며 스스로 자신을 알아 갔지만, 혼자 하기가 힘든 사람들은 전문가의 도움으로 알아차림, 스스로 직면하기를 추천한다.

우울증은 대부분 나의 관심이 나 아닌 타인에게 있는 경우가 대부분이다. 가족이든 친구든 아니면 또 다른 제삼자든 상관없이 나의 관심이 나 자신이 아닌 경우가 많다. 아니 대부분일 것이다. 또한 그런 타인에 대한 관심이 부정적이거나, 일명 남 탓이 되는 경우에 우울한 기분에 사로잡힌다. / 그로 인해 내가 힘들어진다. / 그로 인해 나의 환경이 힘들어진다. / 그로 인해 나의 마음이 힘들어진다.

그러다 보면 나의 마음을 온전히 들여다볼 수 있는 눈과 마음이 상실되고 만다. 이럴 때 우울이라는 친구가 내가 느끼지 못하는 사이에 나의 마음 깊은 곳에서 올라오면 의식이 된다. 의식이 된 우울은 좌절감과 상실감이 깃들게 하고, 삶의 방향을 잃게 만든다. 온전하게 나 자신을 들여다볼 수 있는 눈을 키워야 한다. 그러면 어떤 순간에도 흔들리지 않는 '나'가 된다.

나를 온전히 직면하고, 나 자신을 온전히 이해할 수 있는 눈을 키울 때 우울은 사라지고 삶의 용기가 싹이 트기 시작한다. 아들러는 사람은 창조적인 인간이며 그로 인해 나 자신을 창조할 힘이 누구에게나 있다고 한다. 우리는 그런 창조할 힘이 내면에 있다. 사람은 누구나 가치 있으며, 나아가고자 하는 방향성, 미래에는 더 발전적일 거라는 희망이 누구에게나 존재한다. 나아가는 방향에 따라 그러한 방향성과 가치 있음이 상실되기도 하지만 우리에겐 내면의 힘이 여전히 존재한다. 그런 힘을 키워 주고, 그런 나의 능력을 보는 눈을 조금씩 키우다 보면 우울과 상실감, 좌절감에서 헤어 나올 수 있다. 사람은 누구나 가치 있으며 '나'는 너무나 소중하다.

심리적 충족감, 성장과 통합, 내적인 힘, 자아의 힘. 이 모든 것 또한 뇌가 여유를 부릴 일정한 공간이 있어야 가능하다. 나의 사례뿐만 아니라 현대인들은 내면이 아픈 사람들이 의외로 많다. 나도 현장에서 일하면서 학부모님들과 상담을 하다 보면 의외로 영유아기 자녀를 키우시는 학부모님들도 우울증을 앓고 있는 경우를 종종 보아왔다. 그래서 요즘 심리 관련 서적이 베스트셀러가 되는 경우가 많은 것이 아닐까 싶다. 유아교육기관 현장에서도 미술 심리, 놀이치료, 감각 치료, 운동치료 등 심리 치료를 받는 아이들이 늘어나고 있다. 뇌의 여유, 마음의 여유를 누리고 싶은데 쉬운 거 같지만 쉽지 않다. 감정 발산, 감정 조절도 뇌의 여유, 마음의 여유가 있어야 가능하다. 감정도 습관이다.

습관은 만들어 가는 학습이다. 온전히 즐거운 경험, 그 순간에 모든 것을 내려놓고 나를 직면하는 시간을 통해 감성적 삶을 이끌 수 있다. 심리가 내 삶으로 들어온 이유다. 자연 치유의 힘이 되는 심리학은 나의 내면을 깨우고, 자아존중감 회복, 정서 장애와 감정 치유 경험을 할 수 있다. 무의식의 기억을 직면하고 잠자던 감정을 깨워 삶의 힘과 치유의 경험을 할 수 있다. 또한, 심리 중에서도 미술 심리는 창의적 경험과 예술적 경험으로 삶의 원동력이 되게 한다. 어린 시절의 창의적 경험은 성인이 되었을 때 더욱 빛을 발한다. 어떤 의미보다 창의적 경험은 아이들을 즐겁게 하고 행복하게 하고 성취감을 경험하게 하여 성인이 되었을 때의 삶 또한 훨씬 풍요롭게 한다. 어릴 적 행복과 성인의 삶과의 상관관계를 보면 어릴 적에 행복한 사람이 그렇지 않은 사람보다 더 경제적으로, 인간 관계적으로, 결혼생활에서 8배나 더 많은 만족감을 느낀다는 연구 결과가 있다.

04

# 심리 여행으로 나는 성장했다

어린 시절이 어떤 경험들로 채워지는가가 중요한 이유이다. 미술이나 경험을 이용한 이런 심리 경험은 아이들에게 행복한 마음을 심어주게 된다. 행복한 경험은 자기 효능과 자기 유능감을 쌓게 한다. 자기 효능감, 유능감은 자신감과 자아존중감으로 연결된다. 성인들에게는 어린 시절을 직면하게 함으로써 마음을 치유할 힘을 심어주는 매력이 있다. 꼭 미술 심리가 아니더라도 많은 심리여행이 아이들에게, 성인에게 여유 있는 마음의 밭을 만들어 준다. 마음의 여유가 곧 감성을 깨우는 출발점이 된다.

어떤 심리 여행이든 삶을 아름답게 바라보는 눈과 자신을 돌아보는 계기를 통해 내재적 힘을 발견하여 자신 안에 잠들어 있는 무한한 가능성과 잠재력을 깨우는 기회가 될 수 있을 것이다.

나는 심리학을 공부하고 접하며 자신을 존중하는 힘을 키웠다. 타인을 존중하는 만큼, 타인에게 관심을 기울이는 만큼 나에게 관심을 기울이게 되었으며, 타인에게 관대한 만큼 나에게 관대하게 되었다. 타인의 잘못을 쿨하게 인정하고 용서하는 만큼 나의 잘못과 부족한 점을 인정해 주며 보듬어 주고 성장하게 되었다.

'남에게 관용을 베푸는 만큼 나에게도 관용을 베풀고 나 자신을 비난하지 말자. 타인의 불안을 연민과 안쓰러움으로 바라보는 만큼 나의 불완전함, 나의 불안을 인정하고 지금 그대로의 나를 이해하자.' 매일 나 자신을 위해 긍정적인 생각을 연습했다. 생각도 연습이다.

예전에 비해서 유아 우울증, 아동 우울증, 청소년 우울증, 산모 우울증, 산후 우울증, 주부 우울증, 직장인 우울증, 노년 우울증 등 우울증이 만연한 시대라고 해도 과언이 아니다. 우울증의 근본 뿌리는 자아존중감과 연관이 있다. 자아존중감이 중요한 이유도 여기에 있다. 자아존중감은 어린 시절의 양육방식과도 밀접한 관련이 있다. 어린 시절 부모로부터, 양육자로부터 어떤 환경에 놓여 있었는지가 자아존중감에 가장 큰 영향을 미친다. 어른이 되었을 때의 우울증도 깊이 파고들다 보면 결국 어린 시절과 연관되는 경우가 많다. 아니 대부분이다.

어린 시절 사랑과 지지를 받지 못하고 비난과 비판, 좌절감을 경험하는 환경, 타인이 나의 마음에 공감해 주는 공감 경험이 결여되어 있는 사람은 그 어린 시절의 상처로 인해 성장하면서 우울증이 찾아오는 경우가 많다. 성장하면서 전혀 문제가 드러나지 않다가 성인이 된 후

아주 우연히 어린 시절의 상처가 우울증의 원인이 된다. 왜 어린 시절, 아주 어린 시절부터 자아존중감의 뿌리를 만들어 주어야 하는지 그 이유가 여기에 있다.

자아존중감이 낮으면, 그 낮은 자아존중감으로 인해 우울감이 생기고, 그 우울감으로 인해 자아 유능감, 자아 효능감도 낮아지게 된다. 자아 존중감이 높은 사람은 자아 유능감, 자아 효능감도 높다. 자아 유능감, 자아 효능감은 문제해결력을 높이며, 학습에도 많은 영향을 준다. 자아존중감은 한 사람이 평생을 어떻게 살아갈지, 평생 나의 삶의 행복감을 결정짓게 하는 가장 중요한 부분이다. 나는 심리학을 만나며 어린 시절에 형성하지 못했던 자아존중감을 형성하고 나 자신을 사랑하는 여유를 가지게 되었다. 그렇게 나 자신을 사랑하다 보니 나를 존중하게 되었고, 나를 존중하다 보니 나의 삶을 더 풍요롭게 가꾸고 싶다는 욕망이 생겼다. 그래서 꿈을 꾸게 되었고, 지금도 여전히 꿈을 향한 공부를 하고 있다.

나의 과거가 어떻든, 나의 현재 상황이 어떻든 간에 우리는 누구나 '나'를 일으켜 세울 수 있다. 우선 나를 믿어야 하며 나 자신을 사랑해야 한다. 나는 아픈 과거를 가졌지만, 이렇게 당당히 늦게나마 빛을 내기 시작했다. 그 빛이 더욱더 아름답게 빛나게 하기 위해 오늘도 여전히 꿈을 꾸며 도전 중이다.

내가 가장 좋아하고 존경하는 개인심리학자 알프레드 아들러는 말한다. "한 사람의 과거가 어떻든, 지금 현재 용기를 내고 나아지고자 하는 마음만 있다면 누구나 발전할 수 있다."라고 말이다. 더불어 사는 사회, 타인 속에서의 개인, 즉 사회 공헌을 강조한 알프레드 아들러처럼 나는 공부를 통해, 나의 경험을 통해 그 누군가에게 꿈을 심어주고 싶다. 그리고 그 꿈을 응원하는 멘토가 되고 싶다.

그래서 나는 오늘도 느리게 공부를 한다. 늦더라도 괜찮다. 조금 늦게 빛나는 별도 있지 않은가. 당신도 충분히 할 수 있다.

*"용기 있는 사람은 삶에 대한 자신의 태도를 몸으로 나타낸다. 그의 몸은 다른 식으로 만들어질 수 있다. 근육의 탄력성은 더욱 강해지며 몸의 동작은 더욱 민첩하게 된다. 삶에 대한 자세는 상당한 정도로 몸의 발달에 영향을 미치며 부분적으로는 근육의 탄력성이 좋아진다고*

*설명될 수 있다. 용기 있는 사람은 표정도 다르며 나중에는 얼굴 모습 전체가 달라진다. 두개골의 형태마저 영향을 받기도 한다. 오늘날 심리가 뇌수에 영향을 줄 수 있다는 사실을 부정하기는 어려울 것이다."*

*-알프레드 아들러*

05

# 마무리하며

## 내 나이 마흔쯤 시작한 꿈을 향한 공부

비록 늦더라도 그리고 돌아가더라도 어제보다 조금 더 발전한 '나'의 현재를 격려하며 힘들어도 나아가려고 한다. 이렇게 공부해서 내 공부가, 내 꿈이 어디에 쓰임이 있을지 방향을 잡고 또 다른 도전을 이어갈 것이다.

나는 유아교육 박사과정 후 미술 심리, 사회 성격 심리학을 다시 공부해서 교수이자 아동심리센터 원장이 되고 싶다. 아픈 아이들을 치료해주며 사회에 공헌하는 일을 하고 싶다.

나는 너무나 힘든 청소년기를 보냈다. 꿈조차 꿀 수 없는 그런 환경에서 아주아주 어둡고 긴 터널을 지나왔다. 나처럼 힘든 시기를 보내고 있을 청소년들에게 희망의 증거가 되고 싶다. 또한, 나이가 많아서 현실의 무게로 인해 꿈조차 꾸지 못하는 분들에게 '꿈의 용기'를 심어

주고 싶다.

나의 글이, 나의 강의가 단 한 사람의 삶을 꿈꾸는 삶으로, 그리고 긍정적인 방향으로 변화할 수 있다면 내 공부의 가치는 활짝 꽃 필 것이다.

우연한 성장은 없다.

오늘도 여전히 가슴 뛰는 구체적인 꿈을 꾸며, 계획한 하루의 일들을 실천하며 글을 마무리하고자 한다.

*"세상의 중요한 업적 중 대부분은 희망이 보이지 않는 상황에서도 끊임없이 도전한 사람들이 이룬 것이다."*

*- 데일 카네기*

**참고 문헌**


- 알프레드 아들러(2020), 『알프레드 아들러 건강한 인간의 긍정적 노래와 도전을 위한 용기』, 스타북스.
- 조지 베일런트(2013), 『행복의 비밀』, 21세기북스.
- 김병완(2014), 『40대, 다시 한번 공부에 미쳐라』, 함께.
- 앨릭스 코브(2018), 『우울할 땐 뇌과학』, 도서출판 푸른 숲.

## 개강식

고려대학교 평생교육원
고려대 명강사 최고위과정 16기
2022. 9. 19 ~ 2022. 12. 31
KOREA
慶

고려대학교
평생교육원

# 강의시간

고려대학교 평생교육원
고려대 명강사 최고위과정
2022. 12. 31

고려대학교 평생교육원
고려대 명강사 최고위과정 16기
고려대학교
고려대명강사최고위과정 16기
파워플로거 정진수강사님과 함께

고려대학교 평생교육원
고려대 명강사 최고위과정 16기
고려대학교
명강사최고위과정

고려대학교 평생교육원
고려대 명강사 최고위과정 16기
고려대학교
명강사최고위과정
2022.10.31 안효정강사님과 함께

문제는 사전
해석중심

위과정 16기

절대 포기 하지마라
노래하는 낭만 치과의사
건강 강사

CHANGE는 CHANCE다

## 생일축하

환갑을
축하드
려요

축하드려요
는 사랑
2022. 10. 24 월
재무국장 최정미
멘토님의
패 생신을
합니다
이언영 드림 ~

이영만

## 워크샵

고려대학교 평생교육원
KOREA UNIVERSITY

고려대학교 평생교육원
KOREA UNIVERSITY